**Coleção**

Biblioteca do Maçom

EDITORA MAÇÔNICA
A TROLHA

**Gilson da Silveira Pinto**

# Pérolas Maçônicas

## Volume 3

Editora Maçônica "A TROLHA" Ltda.
Av. Maringá, 335 – Fone (0 XX 43) 327-1982
Cx. Postal 938 – CEP 86001-970 – Londrina – PR

Londrina, julho de 2001

*Potência - Grande Oriente do Brasil*

*Copyright© 2001: Gilson da Silveira Pinto*

*Coordenação Geral:*
Conselho Editorial

*Preparação e Diagramação:*
Maristela Meneghetti

*Capa:*
Saint Clair Assis Silva / Ulisses Ricardo Merede Candreva

*Revisão:*
Virgínia Cristina Audi Ayres

*Impressão e acabamento:*
Grafmark Gráfica e Editora

**Dados Internacionais de Catalogação na Publicação (CIP-Brasil)**
**CATALOGAÇÃO NA FONTE**

P529p Pinto, Gilson da Silveira
Pérolas Maçônicas / Gilson da Silveira Pinto. - 1ª ed. - Londrina: Ed. Maçônica "A TROLHA", 2001.
192 p. v.3; 20,2 cm. -- (Coleção Biblioteca do Maçom)

ISBN : 85-7252-119-4

1. Maçonaria - História. 2. Maçonaria - Ritos - História. 3. Maçonaria - Simbolismo - História. I. Título.

CDD 366.109
CDU 061.236.6

Índices para catálogo sistemático:

1. Maçonaria - História
   061.236.6 (CDU)
2. Maçonaria - Ritos - História
   061.236.6 (CDU)
3. Maçonaria - Simbologia - História
   061.236.6 (CDU)



**EDITORA MAÇÔNICA "A TROLHA" LTDA.**
Av. Maringá, 335 - Centro
86060-000 - Londrina - PR
Cx. Postal 938 - CEP 86001-970
http://www.atrolha.com.br
Fone: (0 XX 43) **327-1982** - Fax: (0 XX 43) **348-0915**

# Sumário

Prefácio ........ 9
Apresentação ........ 11
Algumas Abreviaturas Encontradas neste Livro ........ 13
Alguns Problemas da História Maçônica Inglesa ........ 15
A Maçonaria - Pura - e Aceita ........ 43
O Poder da Persuasão ........ 77
A Parte do Mestre: uma Reapresentação ........ 93
O Simbolismo da Pedra ........ 141
"Ao Lado do Pilar... como era o Costume Antigo" ........ 153
Algumas Observações sobre a Quinta Seção da Instrução dos Primeiros Rituais do Arco Real ........ 163
Franco-Maçonaria na Sociedade - Hoje e Amanhã ........ 173

# Prefácio

*Com a Edição de Pérolas Maçônicas, volume 3, pretendemos encerrar esta série.*

*Antes, porém, gostaríamos de agradecer a todos aqueles que, de uma forma ou de outra, colaboraram e nos incentivaram, e de uma maneira muito especial na pessoa do Irm∴ Francisco de Assis Carvalho.*

*Thanks for all.*

***O Autor.***

# Apresentação

*Quando intitulei esta série de "Pérolas Maçônicas", eu tinha certeza que o Irmão Gilson da Silveira Pinto estaria selecionando os melhores trabalhos publicados pela "Quatuor Coronati", de Londres, para traduzir e publicarmos para nossos leitores em português.*

*Os trabalhos, ou melhor dizendo, as pesquisas feitas pelos membros da Loja "Quatuor Coronati", de Londres, são o que há de mais completo e perfeito e criterioso. Por isso, temos a mais absoluta certeza que será do agrado, pelo menos, da maioria dos nossos leitores Maçons.*

*Desde 1886, ano da fundação da "Quatuor Coronati", é que uma plêiade de pesquisadores honesta e gabaritada vem se aprofundando, cada vez mais, nas pesquisas históricas, levantando dados e descobrindo documentos primários. Esses dados e esses documentos são publicados anualmente, quase que exclusivamente, para os membros efetivos e correspondentes dessa Loja. Já passam da casa dos 110 volumes, tornando a mais perfeita e completa Escola de Maçonaria que o mundo já conheceu.*

*São, hoje, aproximadamente, 25 mil Membros Correspondentes que usufruem dessas benesses publicadas por esses Irmãos pesquisadores, através dos tempos.*

*O Irmão Gilson da Silveira já nos proporcionou três maravilhosos volumes, e outros, virão, em seguida, temos certeza. Ele é um grande tradutor e sabe selecionar os bons textos, daí a nossa certeza de estarmos entregando aos nossos leitores verdadeiras Pérolas Maçônicas.*

*Nós sabemos que alguns autores nossos são mais chegados à Maçonaria, à literatura maçônica francesa. Todavia, a Maçonaria Francesa, apesar de ser o maior celeiro de Ritos e Graus – mais de 200 Ritos e mais de 1.200 Graus – ela, durante a última Guerra e mesmo durante a Revolução Francesa, perdeu a maioria de sua documentação primária. As guerras e os fanatismos políticos e religiosos sempre foram muito prejudiciais à história da Maçonaria. O único país do mundo que não sofreu essas calamidades foi a Inglaterra, que manteve intacta toda uma documentação abrangente de sete séculos.*

*Nosso sonho como Maçom e nosso desejo como Editor, é colocar ao alcance do Maçom brasileiro toda a literatura que ele precisa para se tornar o mais bem-informado Maçom, e, também, um capacitado instrutor de Maçonaria em suas Lojas. A instrução maçônica, como qualquer outro tipo de instrução, é tudo o que a humanidade precisa para viver melhor.*

*Eu, como professor de escola, por 20 anos, e como instrutor de Maçonaria, por 36 anos, acredito que tenho tentado fazer a minha parte. Gostaria que muitos, muitos outros, também tentassem fazer a sua, para que tivéssemos a melhor e a mais bem-formada Maçonaria.*

*Nós sabemos que muitos Irmãos nossos brasileiros, ainda acreditam que Tiradentes, que Aleijadinho, que Cristo, que Lincoln, foram Maçons. Dói no coração da gente saber disso. Dói saber que temos sido incompetentes para varrer da mente de nossos Maçons essas asneiras tão grandes; a nossa incompetência de chegar a cada Irmão, a cada Loja, e dizer, meus Irmãos, esses vultos da história foram grandes, foram fabulosos, mas, infelizmente, não foram Maçons. Não foram Iniciados. Isso, porém, não torna a Maçonaria nem um milímetro menor.*

*Nós somos tão-somente o que somos. É por isso que somos grandes, somos imbatíveis, somos resistentes a todas as intempéries; somos como juncos das várzeas – vergamos mas não quebramos ao* sopro dos vendavais.

*Londrina, julho de 2001.*

***Xico Trolha***

# Algumas Abreviaturas Encontradas neste Livro

| | | |
|---|---|---|
| A. M. | – | Aprendiz Maçom; |
| C. M. | – | Companheiro Maçom; |
| d. | – | direita; |
| d. | – | dead – Falecido; |
| F. | – | Phiscian – Médico; |
| b. | – | Born – Nascido; |
| H. R. D. M. | – | Harodim; |
| H. R. H. | – | His Royal Highmes – Sua Alteza Real; |
| Inter Alia | – | Palavra Latina – Entre outras coisas; |
| M. D. | – | Médico; |
| M. M. | – | Mestre Maçom; |
| Ms. Ms. | – | Mestres Maçons; |
| M. W. G. M. | – | Most Worshipful Grand Master; |
| P. G. D. | – | Past Grand Deacon; |
| P. J. D. | – | Past Junior Deacon; |
| P. M. | – | Past Master; |
| P. Pr. S. E. D. | – | Past Provincial Sênior Deacon; |
| P. S. G. D. | – | Past Sênior Grand Deacon; |
| Rever. | – | Reverendo; |

| | | |
|---|---|---|
| R. A. | – | Rito Aceito; |
| R. P. G. M. | – | Right Past Grand Master; |
| RT. | – | Reitor; |
| W. M. | – | Worshipful Master – Venerável Mestre; |
| S. S. | – | Segredos; |
| Viz. | – | Como é, e quer dizer. |

# Alguns Problemas da História Maçônica Inglesa

*DISCURSO INAUGURAL FEITO PELO*
*IRM∴ A. G. MARKHAM*
*[14 de novembro 1996]*

Este trabalho consiste em um comentário, dos problemas levantados na história da Maçonaria Inglesa (Craft), no período que terminou com a união das duas Grandes Lojas em 1813. As observações e os apêndices para a versão impressa do trabalho, explicam as generalizações, e incluem os pontos mais importantes, que o tempo não permitiu incluir nesta presente narrativa. A seguir, eu continuarei com uma breve supervisão do terreno que nos é familiar, como preparação para o que será dito depois.

Nos anos 1600, a Maçonaria era restrita às Ilhas Britânicas, ela era um assunto particular, e raramente registrado por escrito; raramente na Irlanda, em menor grau na Inglaterra do que na Escócia.

Este é um problema maior; e é surpreendente que conheçamos o máximo do que nós fizemos com relação à Maçonaria Inglesa dos anos 1600. E é possível verificar a existência da destacada fraternidade dos Maçons não operativos, baseada no bem conhecido costume (incluindo, principalmente, os modos secretos de reconhecimento, e daqueles curiosos documentos arcaicos, as Antigas Obrigações), espalhado mais ou menos por toda a nação, cruzando as fronteiras de classe, dentro de uma verdadeira idade conscienciosa de classe, e de convivência harmoniosa que unia os homens, incluindo, eu deveria aceitar, aqueles de diferentes crenças políticas, e que praticavam a caridade mútua. Mas esta evidência está limitada aos detalhes, e não se estende para a dissipação dos mistérios de suas origens, um mistério que, apesar de desde então, e de alguma forma ser cultivado por Maçons, tem também proporcionado em si mesmo, a erros de interpretação, pelos escritores, tanto Maçons como não Maçons.

Na Escócia, os registros escritos dos anos 1600 demonstram a existência de um considerável número de Lojas de Maçons operativos, com uma certa proporção de Maçons não operativos, sendo alguns deles de alta classe social, mas sem envolvimento suficiente, para tomar o controle; assim aquelas Lojas permaneceram operativas em todo o seu caráter, até o ano 1720. Uma grande organização destas Lojas é sugerida através de uma cláusula do Estatuto Schaw de 1598/1599. Os Maçons Escoceses possuíam Cerimônias rudimentares de admissão, quando a "Palavra dos Maçons" secreta era concedida, e as versões das "Antigas Obrigações", que era derivada dos originais ingleses. É certeza que a Maçonaria Livre existiu na Irlanda pelo menos durante uma parte dos anos 1600, mas pouco é conhecido dela, além de uns poucos artefatos questionáveis, que possuíam Símbolos Maçônicos.

Apesar de ter existido alguma melhora nos anos 1700, a falta de evidências, devido a confiabilidade, é um problema contínuo; mas não existe nenhuma dúvida que nos anos 1920 existiu um crescimento dramático da Franco-Maçonaria Inglesa, seguindo a formação de uma Grande Loja, por quatro Lojas não operativas de Londres em 1717. Esta Grande Loja floresceu, e o seu número de Lojas cresceu enormemente sob a sua autoridade, de 1717 em diante, quando começou a prática de se ter em seu quadro Grão-Mestres que faziam parte da nobreza, posto que eram principalmente figuras proeminentes. Duas áreas das idéias maçônicas podem ser associadas com este rápido crescimento: a primeira por causa das regras morais conhecidas como as *Obrigações de um Franco-Maçom,* contidas em um livro de Constituição, composta a pedido da Grande

Loja, por James Anderson, que foi publicada (abertamente) em 1723; e a segunda, sendo encontrada principalmente em uma revelação (de assuntos confidenciais) na forma de catecismo conhecida como *Maçonaria Dissecada,* publicada por Samuel Prichard em 1730, que estava preocupada com as maneiras secretas de reconhecimento, e relacionada com o Ritual, mais do que com o fornecimento de princípios morais.

Entre os anos de 1720 e 1730, estas duas correntes passaram da Inglaterra para os territórios britânicos no estrangeiro (particularmente para as colônias americanas) e para dentro da Europa continental, através da França, aonde, por exemplo, a revelação escrita pelo Abade Gabriel Louis Perau, conhecida como *Les Secret des Franco-Maçons,* publicada em 1742, que descreve as idéias praticadas, com pequena variação, na França daquele tempo, e que demonstra, melhor do que qualquer coisa escrita em inglês, do porquê a Maçonaria foi recebida com grande júbilo.

Mas os Franceses não estavam contentes com a limitação do movimento, aos supostos costumes morais, dos segredos, e dos Rituais dos Maçons operativos, e logo a relacionaram também com as idéias da dignidade da cavalaria, procurando a aproximação da equidade, mais em nível superior, do que nivelando por baixo, como na Inglaterra, apesar de que o uso de Aventais Maçônicos ainda continuava em moda. Possivelmente, devido a uma associação com um Jacobita Escocês, que vivia na França, o Cavaleiro Michael Ramsay, estes ideais da cavalaria foram incorporados a numerosos outros Graus relacionados com ela, conhecidos como "Ritos Escoceses", produzindo uma proliferação do cerimonial, mas não tendo, de fato, nenhuma conexão clara com a Maçonaria Escocesa. Alguns destes Graus, principalmente a Estrita Observância (que foi originária da França, mas que se desenvolveu na Alemanha), extrapolou aos padrões aceitáveis, e enveredou a Maçonaria ao descrédito, antes de desaparecer; mas outros Graus, fica claro, continuaram respeitáveis e contínuos, e na forma desenvolvida, até os dias de hoje.

Apesar dos excessos, dentro de um pequeno espaço de tempo, o movimento maçônico fez sucesso e ultrapassou qualquer tipo de previsão. Em 1738, Frederic Lewis, Príncipe de Gales, e o Príncipe Coroado Frederick da Prússia, em 1739, foram feitos Maçons. Frederick da Prússia foi o futuro Frederico, o Grande, que na sua coroação como Rei em 1740 tornou-se protetor da Maçonaria. Francis

Etephen, Duque de Lorraine, foi Iniciado na Maçonaria Inglesa em 1730, e é sabido que ele introduziu o cerimonial maçônico na sua coroação, como Santo Imperador Romano.

Em um período posterior, um pouco antes da Revolução Francesa, os Maçons Franceses incluíram dentro de seu quadro membros da Realeza e prováveis revolucionários, e depois ainda, não somente seis dos filhos de George III, mas também a maioria dos primeiros oficiais não comissionados das forças armadas de Louis XVI, que se tornaram Marechais da França no tempo de Napoleão. E o que é mais importante, grandes homens como Montesquieu, Mozart, Goethe, Franklin e Washington, tornaram-se membros da Maçonaria. Washington usou um Avental Maçônico na cerimônia que aconteceu no lançamento da pedra fundamental do Capitólio dos Estados Unidos, na nova cidade de Washington em 1793.

Todo este sucesso foi alcançado apesar da forte oposição maçônica da Igreja de Roma, que começou em 1738, e em uma grande extensão flutuante, que partiu de algumas monarquias absolutistas da Europa, influenciada pelas difamações infundadas sobre a Maçonaria, como a alegação de que os Maçons haviam instigado a Revolução Francesa.

A formação e desenvolvimento da Primeira Grande Loja Inglesa, de 1717 em diante, pode ser vista em retrospectiva, como o mais importante acontecimento deste período da história maçônica, quando no final do século dezoito, particularmente na Alemanha, apareceram os excessos na tentativa de desenvolvimento da Maçonaria, e dos seus Rituais, incluindo tentativas para se obter ganhos comerciais. Foi devido aos puros ideais da Maçonaria Inglesa, que aconteceu a tentativa de retorno. Eugene Lennhoff escreveu o seguinte sobre o trabalho de reforma de Friedrich Ludwig Schröder:

> *...Todas estas superficialidades, que no decorrer do tempo foram adicionadas a um simples simbolismo do Ritual Inglês, com toda a sua beleza foram retiradas por Schröder ...*

Nós vimos que em 1742, Perau, um francês (e os franceses raramente são admiradores da cultura inglesa) deu um grande presente à Maçonaria, assim que ele retornou à França vindo da Inglaterra, trazendo consigo um sistema ideal. Novamente, Lennhoff, quando escreveu sobre as *Obrigações de um Franco-Maçom* de 1723, se referiu a ela da seguinte forma:

*...uma Carta Magna Maçônica, é o desejo de se evitar qualquer coisa que tende em direção à desunião; e a ânsia pela "aliança fraterna com os antagonistas".*

Mas os comentaristas ingleses tiveram a tendência de não apreciarem estas afirmações, como se fossem um desejo de uma grande aproximação, ou mesmo vê-las como inglesas.

Este é o próximo problema da história maçônica, ao qual eu desejo me referir, principalmente a falta de um processo apropriado, para acessar o significado da Maçonaria Inglesa, como ela foi oferecida, e aceita pelo mundo de 1720 em diante, como uma visão mental curta, que falhou em agarrar, acima de tudo, a perspectiva histórica.

As *Antigas Obrigações de um Franco-Maçom* de 1723, foi bastante desapreciada, pelo incidente, de ter sido incluída no mesmo volume com a histórica lendária, escrita com o mesmo talento similar das histórias lendárias nas Antigas Obrigações (incluindo absurdos evidentes). Ambas foram atribuídas a James Anderson (visto, ao mesmo tempo, inconsistentemente como inovador de importantes idéias maçônicas, e autor da história, a qual era não somente irrealizável, mas também grotesca); e esta crença persistiu, apesar do fato, como será mostrado, da impossibilidade deste tipo de visão, como a Anderson, e foi explicada pelos Professores Knoop e Jones, aproximadamente há cinqüenta anos. O resultado é que o valor potencial dos exames das Obrigações e da história lendária, para traçar as primeiras tradições, geralmente falando, tem sido ignorado.

O significado das Obrigações de 1723, tem sido também, em grande parte, desconhecido, eu acredito que seja por causa da preocupação dos Maçons modernos com os Rituais; as Obrigações têm sido vistas como relíquias, e em sua maioria ignoradas dando preferência ao Ritual, mas no século dezoito foram as Obrigações com as suas simples mas profundas virtudes de fraternidade, eqüidade, harmonia e caridade, que permitiram à Franco-Maçonaria alcançar seus últimos sucessos, a escapar da perseguição da Igreja de Roma, dos caprichos das monarquias absolutistas e da Revolução Francesa; e que, apesar de ser emergente dentro do continente Europeu, e do alargamento do mundo com o Iluminismo, era para continuar como se fosse uma força viva, quando o Iluminismo tornou-se fora de modelo, e os Rituais possuíam, geralmente neste período, um estado variado e alterado.

Para considerar um ponto à frente, uma implicação pode ser feita: como Anderson era escocês (e filho de um Maçom escocês proeminente), o conteúdo das Obrigações de 1723 era provavelmente escocês; apesar de que, mesmo agora, as Obrigações (as quais foram adotadas na Constituição Irlandesa, virtualmente na mesma forma em 1730) nunca foram adotadas pela Constituição Escocesa. Casado com o fato de os mais antigos catecismos maçônicos sobreviventes serem escoceses, e possuírem alguma semelhança com a *Maçonaria Dissecada* (apesar de muito menor), e através do Estatuto Schaw e da Palavra do Maçom, deveria supor que a Maçonaria é, para todos os intentos e propósitos, escocesa de origem. Os pontos de vista de David Stevenson são recentemente familiares a nós; mas David Murray Lyon, um eminente historiador maçônico escocês, de cem anos atrás, e protagonista da Maçonaria Escocesa, estava pronto a admitir que, quando John Theophilus Desaguliers, Past Grão-Mestre da Grande Loja da Inglaterra, foi bem recebido como um Irmão Maçom na Loja e Edimburgo em 1721, foi da mesma forma que ele introduziu os Maçons de Edimburgo na Maçonaria especulativa, e a Maçonaria Escocesa era, ainda na sua maioria, operativa.

*Apêndice I* – Contém os comentários sobre a visão de Knoop e Jones, de que a Maçonaria especulativa Inglesa derivou seus modelos de reconhecimento da Palavra de Maçom Escocês. *Apêndice II* – também é em parte diretamente relacionado ao problema de tentar entender o quanto for possível, as contribuições relativas da Maçonaria Inglesa e Escocesa, para as origens maçônicas.

A seguir, antes de considerar os problemas relativos aos Rituais Ingleses, durante o período entre 1720 e 1813, eu condensarei por um momento o meu resumo histórico. Tendo colocado a Maçonaria Colonial e Européia em seus diversos caminhos, a Maçonaria Inglesa não esteve parada. Mas, a primeira Grande Loja, fundada em 1717, perdeu um pouco do seu tempo lá pelos anos de 1740, e deixou o caminho aberto para que uma nova Grande Loja fosse fundada em Londres em 1751, e esta parece ter sido abastecida, particularmente por aqueles que poderiam ser Maçons, e que se sentiam excluídos pelas Lojas formadas sob os auspícios da primeira Grande Loja. Nestes, estavam incluídos Irlandeses, que viviam na Inglaterra, Judeus, homens que estavam servindo no exército e na marinha, e eram homens de passado mais humilde. A influência irlandesa era forte no início, e continuou através do tempo pela capacidade do Grande Secretário Irlandês Laurence Dermott, que havia primeiramente sido feito Maçom (e um competente ritualista) na Irlanda, e que organizou a nova Grande Loja, e que elevou o padrão da instituição, por colocar pessoas da nobreza como Grão-Mestres.

E foi baseado especialmente na Antigüidade da Maçonaria, que Dermott esteve apto a censurar a Primeira Grande Loja. A Primeira Grande Loja por si mesma havia reconhecido a importância dos antigos costumes em 1723, através de um requisito do Livro da Constituição, da Estrita Observância aos "Antigos Landmarks", as tradições básicas indefinidas da Maçonaria, Dermott alegou que os seus rivais não prestaram a devida consideração aos antigos costumes, principalmente quanto ao assunto Rituais, e sobre estas bases colocou com sucesso o título de "Grande Loja dos Antigos" na sua nova Grande Loja, e conferiu à primeira Grande Loja o título de "Modernos"; e obteve o reconhecimento da sua Grande Loja, pela Grande Loja da Escócia e da Irlanda, para a exclusão dos Modernos. Um número substancial de Lojas, tanto locais como do estrangeiro, fez adesão aos Antigos, apesar de um não menor número aos Modernos.

Quase tudo o que nós dizemos dos modernos é claro, é bem conhecido; mas eu agora desejo me referir às dificuldades que foram levantadas com relação ao entendimento do estado original e do desenvolvimento dos Rituais Ingleses, durante os anos 1700. Com relação à posição dos Antigos, que reivindicavam a manutenção do antigo Ritual, associado com as práticas irlandesas, pode ser mencionada uma crença tradicional que existia entre os Maçons Irlandeses, de que os seus Rituais haviam alcançado a sua forma atual, no mínimo lá pelo ano de 1760, apesar de que, tanto naquela data como agora, a forma dos Rituais era puramente verbal, e não registrados por escrito.

Antes da União das duas Grandes Lojas Inglesas em 1823, foi formada a Loja da Promulgação, para reconciliar as práticas ritualísticas dos "Modernos" e dos "Antigos", e é aceito que, aonde existiam diferenças, as práticas dos antigos eram largamente seguidas. Assim, devido a forte influência irlandesa sobre os Antigos (com as habilidades de Dermott como ritualista irlandês) as formas dos Rituais Ingleses, desde a união, são indiscutivelmente na sua maioria irlandesas, em consistência com o Ritual Irlandês, o qual tem permanecido tradicionalmente o mesmo desde 1760. Mas é também possível que isto representava a tradição do Ritual Inglês desde 1717, como Dermott pode ter querido dizer, ou dos anos 1720, quando a Irlanda adotou a idéia de formar uma Grande Loja, e adotar da mesma forma uma Constituição; e que este suposto Ritual na forma irlandesa, era de fato o melhor Ritual Inglês pré-1717, ou de 1720, e que era diferente do Ritual dentro do qual é dito, ter sido degenerado sob a direção da Primeira Grande Loja. Esta primeira forma de Ritual Inglês pode também ser acreditado que tenha sobrevivido, em algumas destas Lojas de Maçons, sob a direção da Primeira Grande Loja, descritos como "Tradicionalistas". E alguém também pode retornar à Alemanha, muitos anos depois, apesar de que isto parece da mesma forma ter sido uma referência aos anos 1720 e 30, do que pré-1717.

A situação que já estava assim confusa, e complicada, por causa da posição escocesa referida anteriormente, ficou mais confusa ainda por causa da evidência do desenvolvimento gradual do Ritual Inglês, durante os anos 1700. A Maçonaria da *Maçonaria Dissecada* de 1730, e as práticas ritualísticas que John Coustos revelou à força para a Inquisição, são menos completas do que os Rituais das próximas revelações sobreviventes dos anos 1760, que novamente são menores do que os Rituais do tempo da União de 1813, e que vieram depois, das assim aumentadas "instruções", na forma de catecismo confidencial, de William Preston. As revelações em catecismo são identificáveis com os Rituais de hoje em dia, ressalvando apenas que são menos completas.

Indo ao Ritual fora do catecismo, nós podemos ver nas obrigações dadas aos Candidatos recém-admitidos, incluídas no Livro do Bolso do Companheiro, publicado em meados dos anos 1770, que elas são um protótipo das obrigações de hoje em dia do Primeiro Grau, apesar de serem menores na sua extensão; e em várias edições, até onde nós sabemos, os instrumentos de trabalho aparecem pela primeira vez. Um desenvolvimento progressivo do Ritual é assim demonstrado, em detrimento da manutenção dos trabalhos detalhados dos tempos imemoriais, e escrupulosamente seguidos, como representantes das antigas tradições; mas esta preocupação com a

Antigüidade pode indicar que existe parte substancial do Ritual moderno, que são das origens iniciais. Entretanto, somente em um estágio muito posterior, a Maçonaria pode ser vista como um "sistema peculiar de moralidade, velado em alegorias e ilustrado em símbolos".

As revelações anteriores a 1730, mostram um quadro confuso, e muito menos inconsistente com o Ritual moderno, do que a *Maçonaria Dissecada;* e pode ser visto que os curtos e grossos catecismos escoceses, começando com o *Manuscrito Edimburg Register House* de 1696, possuem alguma semelhança com a *Maçonaria Dissecada;* os catecismos escoceses e outros são datados entre 1696 e 1730, e contêm um considerável material dentro dos três Graus, em vez de aparecerem dois. Mas, como e por que isto exatamente aconteceu, não temos certeza.

Uma notável característica é a concordância demonstrada entre Desaguliers e os membros da Loja de Edimburgo, na ocasião da sua visita em 1721, quando "...achando-o qualificado em todos os pontos da Maçonaria, eles o receberam como um Irmão, dentro da sua Sociedade". Nós gostaríamos realmente de conhecer quais destes pontos estavam relacionados com o estado de formação do Ritual de 1720. O Ritual Inglês pode ter absorvido naqueles tempos algumas características do Ritual Operativo Escocês (veja os Apêndices I e II), e como nós já ouvimos, foi sugerido por David Murray Lyon, que os Maçons Escoceses podem ter adotado as características especulativas da Inglaterra.

A *Constituição de* 1723, contém um pós-escrito que descreve a maneira de se constituir uma nova Loja, na maneira dignificada do Ritual moderno, com uma qualidade de linguagem que não é achada nos catecismos, apontando para uma situação, que de uma outra maneira não se poderia conhecer, que estilo os primeiros Rituais Ingleses poderiam ter possuído, porque não existem registros sobreviventes dele.

Um outro assunto importante, que pode ser lembrado como certo, é que existem evidências documentais reais, da existência de Sinais secretos, e palavras de reconhecimento entre os Maçons, tanto na Inglaterra como na Escócia, tanto do início como da parte final dos anos 1600. Na tentativa de explicar as origens das tradições maçônicas no clima de hoje em dia, esta evidência não pode ser ignorada.

No final, os Rituais das Lojas Inglesas, Escocesas, e das Lojas Irlandesas foram acabados, e permaneceram em um estado uniforme notável em muitos aspectos, assim também como existem Lojas que usam o Ritual Inglês em diferentes formas, refletindo a existência próxima da uniformidade antes do Pacto Internacional, entre as três Grandes Lojas em 1814, depois da União, das Grandes Lojas Inglesas dos Modernos e dos Antigos em 1813, e da Loja da Promulgação, que existiu entre eles, e que precedeu a União. Casualmente este acordo com as Grandes Lojas Irlandesa e Escocesa, também existiu, direta ou indiretamente, como para as quatro proposições, da ortodoxia colocada no início do Livro Inglês da Constituição.

Para concluir estes comentários, sobre os Rituais do século dezoito, um passado comum pode ser pensado ter existido entre os Maçons Ingleses, Escoceses e Irlandeses, a este respeito, e no mínimo quanto aos segredos, e aos Rituais rudimentares, relacionando-os com os anos 1720. Fazendo um balanço entre as afirmativas dos Antigos, e as evidências do desenvolvimento do Ritual durante os anos 1720 e depois, alguém poderia aceitar que a expansão do Ritual foi baseada sobre um conjunto de idéias, que estavam em existência, por um tempo considerável; e que não era realidade estressar e dificultar a reconciliação, com a reclamação de que os Rituais Escoceses e Irlandeses houvessem dominado a cena, na luz do fato, de que foi a Maçonaria Inglesa que se expandiu de forma dramática naquele tempo.

Nos dias que antecederam as Grandes Lojas, os Rituais se dividiam entre estas três tradições nacionais distintas, com fortes pontos de vista, no mínimo na Inglaterra e na Irlanda, de que eles não deveriam ser imprimidos, e que eles deveriam ser somente baseados nos costumes, dos quais as antigas tradições derivavam de alguma maneira, através dos Maçons operativos, e eram sensíveis a uma fonte comum, na sua maioria igual, na falta de uma organização de Grande Loja.

Nenhum Ritual apropriado estava disponível até 1800. Os catecismos cobriam assuntos, que eram limitados através de perguntas feitas, e eram mais incompletas, como também os assuntos morais. Apesar das revelações, a confidencialidade pretendida dos primeiros Rituais Maçônicos, eles alcançaram algum sucesso, e permaneceram como um problema histórico interminável.

Nós agora vamos voltar a um período anterior ao

estabelecimento da primeira Grande Loja em 1717. De uma maneira alguma coisa similar, ao fracasso completo em reconhecer toda a perspectiva histórica maçônica, durante os anos 1700, eu acredito também que existiu uma falta de apreciação do sucesso da Maçonaria na Inglaterra durante os anos 1600, que pode ser deduzido, apesar das evidências limitadas.

Eu me refiro, por exemplo, primeiramente ao fato que Elias Ashmole, um homem instruído, e fundador do Museu Ashmoleano na Universidade de Oxford, e que achou que a Maçonaria era suficientemente importante, e que valeu a pena permanecer nela como membro, por no mínimo 35 anos. E também que Robert Plot, em 1686, achou que o costume era compelidor o bastante para aceitar o desafio, e ser difundido mais ou menos por toda a nação, em uma época em que faltava o ímpeto que deveria ser oferecido pelas Grandes Lojas; uma posição ilustrada por numerosas versões das Antigas Obrigações, e que se referiam à "feitura" (making) de Maçons (um termo não operativo) datado dos anos 1600, e novamente o exemplo de Ashmole, que foi Iniciado em Warrington, Lancashire em 1682, e que estava qualificado a freqüentar uma reunião da mesma fraternidade no Palácio Maçônico em Londres em 1682. O sucesso acontecido durante os anos 1600, pode logicamente ser visto como sendo um estado inicial da espantosa expansão da Maçonaria do ano 1720 em diante.

Retornando a James Anderson. Knoop e Jones, em 1947, que eram contrários às noções erradas de concepção, as quais eu tenho receio em continuar, enfatizaram que Anderson não foi mais e nada menos do que Editor da *Constituição* de 1723. O seu nome não apareceu nem na página do título e nem no final da introdução (onde está o nome de Desagulier), mas casualmente no texto final do livro; e o seu trabalho foi submetido a aprovação, e dirigido por um grupo de Irmãos. Também Knoop e Jones demonstraram a posição menos óbvia de que o conteúdo das Obrigações de 1723, que foi pouco mudado desde então, existiu na Inglaterra, antes que a Constituição fosse escrita. De acordo com isso, uma pergunta pode ser feita, se os assuntos destas Obrigações poderiam ter fornecido vitalidade para a Maçonaria dos anos 1600, assim como também dos anos 1700.

Estando prontos para abordar pontos adicionais com relação a este assunto, eu me referirei brevemente aos assuntos levantados em meus dois últimos trabalhos sobre as origens maçônicas na AQC Nº 100 e 103 respectivamente. Um destes assuntos é a descoberta conjunta das raízes da maioria das Obrigações de 1723, em algumas das práticas das guildas religiosas medievais. Estas guildas desfrutaram de grande popularidade durante o último período medieval, mas foram abolidas em 1547 na suposição de possuírem "usos supersticiosos"; uma atração adicional, sendo muito agarradas as suas tradições. As características do ano de 1723, que podem ser traçadas antes das guildas religiosas são: o amor fraternal que cruzava as barreiras de classe, a harmonia entre os Irmãos, a rapidez de aceitar a conciliação nas disputas, a sociabilidade, e a caridade mútua.

Assim, removendo o obstáculo da suposta regra de Anderson, como sendo inovador das idéias maçônicas fundamentais (apesar de nunca ter sido um historiador tolo), uma visão completa definida, torna-se possível destas mesmas idéias, que foi formada em parte do sucesso das guildas medievais religiosas, alcançando sucesso novamente no período pós-Reforma, por oferecer uma fraternidade prática, e de paz e igualdade, em um mundo de lutas religiosas e políticas, e de desigualdades; levantando também a questão, se eles poderiam ter alguns dos não identificados "Antigos Landmarks", dos quais a primeira referência conhecida está na *Constituição* de 1723; assim, deixando de lado por um momento qualquer conexão com a Maçonaria operativa, com os modos secretos de reconhecimento, com os Rituais, e com as Antigas Obrigações.

Existiram muitas teorias da origem da Maçonaria (algumas logicamente discutidas, e outras extremamente excêntricas em extremo). Uma abordagem geral foi tomar uma teoria preconcebida, e tentar fazê-la se situar com os vários fragmentos divergentes sobreviventes das primeiras evidências da história maçônica; e existiu uma falta geral de sucesso. Em 1986, o Irm∴ John Hamil, em seu livro *The Craft,* trouxe à tona uma revisão destas teorias (apesar de não expressamente identificá-las como preconcebidas) e concluiu que nenhuma delas deu uma resposta satisfatória; e a este respeito, eu concordo; e mantenho a mesma visão em relação a outras teorias preconcebidas, que têm aparecido desde então, sobre uma área sobre a qual eu faço comentários no *Apêndice II*, inter alia, para demonstrar as dificuldades que aparecem, na tentativa de fazê-las adequadas.

Estas teorias constituem um problema na história maçônica, porque em conjunto elas dão suporte à crença de que nenhuma melhora no esclarecimento das origens maçônicas é possível de ser conseguida. Em meus trabalhos anteriores, aos quais eu me referi, eu tentei reverter este processo, adotando uma teoria preconcebida, tentando traçar uma retrospectiva anterior dos fragmentos da primeira evidência das raízes históricas, com as relações consistentes, umas com as outras, com nenhuma idéia preconcebida, permitindo assim que os fragmentos, e a sua descoberta ou raízes projetadas, indicassem para onde, ou sugerir uma teoria da origem ou origens. Procurando identificar as primeiras características da Franco-Maçonaria dos anos 1720, e as raízes históricas, dentre outras características, as Obrigações de 1723, foram achadas as posições das guildas religiosas, que eu descrevi, e também que esta abordagem poderia ser feita posteriormente.

As histórias lendárias contidas na *Constituição* de 1723 e 1738, contêm passagens, as quais parecem igualar o patronato da Maçonaria operativa com a não operativa; e em outras passagens, certamente elas igualam as duas. Portanto, existiu uma conexão entre o patronato, e a Maçonaria não operativa inicial? E mais, parece razoável que ter absorvido e continuado as tradições derivadas dos Maçons pedreiros, os primeiros Maçons não operativos poderiam ter tido um período de tempo sobreposto, com os Maçons operativos, os quais, por exemplo, realmente possuíam as cópias respeitadas das Antigas Obrigações. Existiu, então, uma fase histórica, quando poderia ter existido este tipo de sobreposição, combinada com o patronato, onde os Maçons operativos Ingleses e não operativos, foram conduzidos juntos sobre uma base contínua? Existiu uma sobreposição na Escócia, que muito bem pode ser relacionada com o patronato, apesar de que na Escócia existia finalmente uma transição em algumas Lojas da Maçonaria operativa para a não operativa, da qual não existe evidência conhecida na Inglaterra.

Que este tipo de sobreposição poderia de fato ter existido na Inglaterra, e que poderia ser vista a partir da situação dos homens que davam patronato financeiro para uma imensa campanha de reconstrução de uma igreja paroquial, que continuou através dos anos 1400, e que terminou abruptamente por volta de 1540. As guildas religiosas eram algumas vezes envolvidas na reconstrução de igrejas paroquiais. Pode-se pensar também que este final abrupto causou a extinção de muitas Lojas operativas nas províncias inglesas;

diferentemente da Escócia, onde os trabalhadores em pedra não eram tão dependentes das construções de igrejas.

Suplementando, pode-se voltar e verificar as evidências escassas da Maçonaria não operativa, que transformam-se da maior necessidade, onde existe o suporte de historiadores especialistas, familiarizados com os detalhes do passado conhecido. A maior e mais recente abertura, com relação aos assuntos anteriormente tidos como confidenciais, permite aos Maçons fazerem agora o que os seus predecessores não poderiam fazer facilmente, principalmente procurar a ajuda de historiadores importantes, que não são Maçons, na falta geral de historiadores especialistas dos períodos apropriados que sejam Maçons. Por esta razão eu enviei cópias dos meus dois trabalhos ao falecido Professor Sir Geoffrey Elton, da Universidade de Cambridge, e um importante historiador sobre a história dos anos 1500.

Quatro pontos de significado geral no presente contexto, foram levantados dos comentários do Professor Elton:

(1) Ele aceitou a aproximação retrospectiva, ao procurar traçar as primeiras características passadas conhecidas, para identificar as raízes, contra o passado histórico geral; e na essência, a sua aplicação aos meus dois trabalhos.

(2) Apesar da pequenez das primeiras evidências maçônicas, ele foi apto a chegar a uma conclusão razoável. Unido com o fato que os historiadores especialistas gerais estejam aptos para ver, entre elas, explanações alternativas, se existirem alternativas, e uma conexão possível entre as raízes das diferentes características, isto pode fornecer um método definitivo, de se avançar através de um maior entendimento das origens maçônicas.

(3) Ele achou que o assunto é de interesse, e considerou-o sem nenhuma preocupação, e não achou necessário tornar-se um Maçom para formar a sua opinião.

(4) O uso do conhecimento de historiadores especialistas, que não são Maçons, é um método exeqüível da pesquisa maçônica.

Eu devo mencionar novamente esta aproximação retrospectiva, e a necessidade de assistência de historiadores especialistas não Maçons, em conexão com os meus dois pontos finais.

Estes pontos finais são talvez o problema mais sério da

história maçônica, mas eu me referirei a eles brevemente, na luz do que é bastante conhecido, e do que eu já havia dito anteriormente. O primeiro destes pontos é a Antimaçonaria. É claro que deve ter existido reações adversas continuamente, lado a lado com a evidência da existência da Maçonaria não operativa, dos anos 1600 até os dias de hoje, as quais têm variado entre o ridículo e acusações de conspiração e subversão. A Antimaçonaria tem sido um terreno fértil para ataque repetido dos jornalistas, que não têm mais nada para escrever sobre ela; mas, indo mais longe e com seriedade, ela tem sido a base dos ataques à Franco-Maçonaria, por importantes corpos religiosos, os quais têm sido impelidos em adotar esta atitude, aparentemente pela crença de que ninguém necessita de segredos, a menos que eles tenham alguma coisa errada para esconder. Estes ataques têm sido levados ao extremo, na perseguição pelos Inquisidores da Igreja de Roma, e pelas Monarquias absolutistas, e pelos ditadores Comunistas e Fascistas.

O segundo destes problemas, é aquele que, apesar do seu interessante caráter histórico, a Franco-Maçonaria nunca tem sido entendida pelos historiadores não maçônicos, como fazendo parte da história geral. Eu acredito que estes dois problemas deveriam ser relacionados em conjunto, porque um entendimento de simpatia pelas autoridades da história da Maçonaria, mesmo com algumas áreas de dúvidas, poderia ser uma resposta útil para a Antimaçonaria. O uso de historiadores profissionais em desenhar o passado das primeiras características, contra o passado histórico geral, é também importante, porque uma interpretação racional destas características pode ter relevância para o seu significado essencial.

Nestes caminhos, os historiadores gerais profissionais poderiam ter duas funções principais; primeira, na interpretação e conformidade, ou resolvendo a interpretação dos primeiros fragmentos históricos maçônicos, contra o passado geral; segunda, na interpretação da perspectiva ampla da história maçônica anterior e posterior, para integrá-las como parte da história geral.

Os historiadores maçônicos poderiam também ter aqui duas funções importantes; primeira, fornecer, de maneira imparcial, os detalhes corretos, completos da história maçônica, para formar as bases dos trabalhos dos historiadores que não foram Maçons; segunda, ter em mente que as áreas da história maçônica, que são fragmentárias, precisam ter explicações baseadas, de alguma forma, sobre fatos e razões, e que perseguir a verdade com objetividade estrita não justifica enfatizar supostas anomalias, sem tentar com sensibilidade resolvê-las, através da pesquisa dentro do passado histórico, com a assistência de historiadores profissionais.

Ao final, alguém gostaria de pensar se seria possível mostrar um reconhecimento próprio da Franco-Maçonaria, de como ela fosse uma instituição histórica notável, benéfica à humanidade, o que ela é; e demonstrar a despeito desses ataques antimaçônicos; e apesar da incapacidade de explicar inteiramente as origens maçônicas mas, sobretudo, com uma imagem melhor, para ser mais aceitável pela razão, e ser aceita pelos historiadores não maçônicos de alto nível profissional. É simplesmente um desafio difícil, mas qual é a justificativa que existe para não se tentar?

Algumas vezes é dito que ao se definir problemas, alguém já é parte do caminho para solucioná-los. Isto tem sido uma grande ajuda para alcançar os objetivos deste trabalho, posto que não tenho nenhuma intenção de uma cobertura compreensiva ou de sucesso; mas uma modesta tentativa em direção do avanço do conhecimento maçônico.

## APÊNCICE I: A PALAVRA DO MAÇOM

O eminente historiador maçônico Professor Douglas Knoop, escolheu a Palavra do Maçom como o assunto para as suas Instruções Prestonianas, em 1938; e juntamente com o seu colega e Professor G. P. Jones (falecido), para escrever novamente sobre o tópico o *The Scottish and the Mason Word* em 1939, e, finalmente, no *The Genesis of Freemasonry* de 1947; e é sobre a mais recente publicação que estes comentários são principalmente baseados.

Os autores, na abertura do livro, enfatizam duas ligações entre a Maçonaria especulativa de hoje em dia, a Maçonaria medieval operativa, o Manuscrito da Constituição, as "Antigas Obrigações" (cuja existência, afirma-se, como sendo do final do século 14, é quase com certeza de origem inglesa) e a "Palavra do Maçom" (que não foi traçada antes do século 16, é quase com certeza de origem escocesa). Eu acredito que hoje em dia seja correto pensar-se em suprimir as palavras "quase com certeza", em ambos os exemplos.

A Palavra do Maçom, e a maneira da sua comunicação, é

detalhada pela primeira vez (até onde é conhecido) no Manuscrito Register House de Edimburgo.

Knoop e Jones se submeteram ao fato de que a Palavra do Maçom possuía um propósito na Escócia, que não apareceu na Inglaterra, principalmente para distinguir com propriedade um pedreiro qualificado de um "intruso e profano", um homem que tentava fazer um trabalho de Maçom, sem ter sido um aprendiz do ramo. Um propósito posterior era fazer a diferença entre os Graus Escoceses, e o do Aprendiz ("entered apprentice") e o de Companheiro ("fellow craft"), novamente familiar, com os termos maçônicos especulativos. Portanto, estas maneiras secretas de reconhecimento são provavelmente de origem escocesa.

Na Inglaterra dos anos 1600, as evidências quanto aos modos de reconhecimento entre os Maçons, são as seguintes:

(1) *Uma observação escrita à mão (datada de c. 1675, de acordo com Herbert Poole) de Randle Holme, um homem de interesse intelectual, e membro de uma Loja Maçônica em Chester, é como segue:*

*"Existem diversas Palavras e Sinais de um Maçom livre, para serem reveladas a você, as quais você deverá responder: diante de Deus no Grande e terrível dia do Julgamento, que deverá manter Segredo e não revelar a qualquer dos ouvidos de qualquer pessoa, mas sim a Mestres e Companheiros da dita Sociedade dos Maçons livres, assim me ajude Deus".*

(2) ***The Natural History of Staffordshire*** (1686) de Robert Plot:

*"... eles prosseguiram [na admissão de um Candidato] principalmente na comunicação de certos Sinais secretos, através dos quais eles eram conhecidos uns com os outros, por toda a Nação, por cujos significados eles têm proteção, aonde quer que viajem ..."*

(3) ***"The Memories of Natural Remarques in the county of Wiltshire"*** de John Aubrey (1691):

*"...a Fraternidade dos Maçons-adotados, dos Maçons-livres. Eles são conhecidos uns dos outros, por certos sinais e senhas: eles continuam até hoje em dia [isto é, a partir de um período muito anterior]. Eles possuem diversas Lojas, por diversas Nações, para recepcioná-los;*

*e quando qualquer um deles cai em desgraça, a fraternidade dá-lhe alívio. A maneira da sua adoção é verdadeiramente formal, e com um Juramento de guardar Segredo.*

A expressão "Mason Word" (Palavra do Maçom), não era usada como sendo um Sinal e Palavras na Inglaterra, mas que parece ter sido exclusivamente escocesa.

Knoop sentiu que a habilidade de Desagulier "em dar provas de que era Maçom" em Edimburgo em 1721, indicava a adoção das práticas escocesas na Inglaterra naquele tempo. Não parece mais provável, entretanto, que como existiam tradições (que poderiam muito bem ter sido as antigas tradições) como os modos secretos de reconhecimento, em ambos os países, durante a última parte dos anos 1600, estas eram suficientemente similares (apesar de, talvez, não serem precisamente as mesmas) de serem reconhecidas em ambos os países, sem ter certeza de que país teve a prioridade da origem a este respeito? Existe certamente uma tradição de segredo no Manuscrito Régius, a mais primitiva das Antigas Obrigações (e que era de origem inglesa), e porque, em uma associação com os antigos costumes, mantidos caracteristicamente, e que é conhecido, e que foi evitado, em sua maioria na perpetração de assuntos escritos, e deveria ser assumido que esta tradição estava restrita aos segredos comerciais? A falta de evidências sobreviventes (quando elas podem muito bem ter sido orais) não podem ser lembradas como provas.

Talvez uma indicação mais certa da influência escocesa, sobre a Maçonaria Inglesa, é a adoção na Inglaterra de termos escoceses, como "entered apprentice", "fellow craft" e "cowan". Os Maçons não operativos Ingleses, nos anos 1600, são citados como sido **"feitos"**, em preferência a **"entered"** e a **"fellows"**, e de como **"felows crafts"**. Estas mudanças podem ter sido feitas, lá pelo final dos anos 1720, quando a Inglaterra tinha uma Grande Loja para disseminar este tipo de mudança a partir de práticas anteriores. De como isto foi aceito, está visível a partir da *Constituição* de 1723, de que os Maçons não operativos Ingleses procuravam considerar eles mesmos, como se fossem a mesma coisa, que os Maçons operativos, o que eles não eram, e que assim poderiam estar desejosos de aceitar o que era considerado uma tradição operativa da Escócia, porque pensava-se refletir as primeiras tradições inglesas, e desta maneira ser mais ou menos consistente com os antigos Landmarks, e usos e costumes. É também possível que da mesma forma os Maçons não operativos adotaram as mesmas características dos Rituais Escoceses, relacionados com os modos de reconhecimento.

## APÊNDICE II: SOBRE ALGUMAS RECENTES TEORIAS PRECONCEBIDAS

### 1

A Ordem religiosa dos Cavaleiros do Templo foi fundada no início do século doze, para proteger os viajantes à Terra Santa, durante o tempo das Cruzadas. Depois da conquista daquele território pelos Sarracenos em 1291, os Templários tornaram-se supérfluos, até onde a sua função principal estava relacionada, e em 1307 e nos anos seguintes eles foram cruelmente suprimidos pelo Rei Francês Philippe IV, que cobiçou as suas riquezas e poderes, e foi ajudado por um Papa cúmplice.

Alguns dos cavaleiros com seus subordinados e navios, sabe-se que escaparam, e existe uma teoria que um número deles fugiu para a Escócia, um reino que provavelmente daria abrigo a eles, porque o Rei Escocês Robert the Bruce, havia sido excomungado pelo Papa; ainda mais, que o Rei estava necessitando das habilidades dos militares, em sua luta desesperada contra os ingleses. Esta teoria é reforçada pelo fato de que as tumbas dos Cavaleiros haviam sido descobertas, no local que agora é conhecido como Argill ocidental, um local onde não havia preceptorias templárias conhecidas. A lenda diz que os Templários fizeram uma contribuição crucial para a vitória escocesa, em Bannockburn em 1314.

Portanto, uma conexão entre os refugiados Templários e a Escócia, é certamente discutível. Uma conexão entre os Templários e a Maçonaria, entretanto, deve ser lembrada não ser evidente por si mesma. Parece restar, em parte sobre uma conexão entre os Templários e o Templo de Jerusalém, em parte sobre as idéias esotéricas supostamente levantadas daquela fonte, e em parte das grandes atividades de construção dos Templários, e em parte das tumbas dos "Templários" em Argill, as quais mostram o que podem ser Símbolos Maçônicos. Alguma espécie de conexão entre os Templários e os Maçons operativos medievais, entretanto, não significa, é claro, que os Franco-Maçons modernos sejam mais provavelmente derivados dos Templários, do que dos Maçons operativos medievais.

Um livro lançado recentemente aborda o assunto dentro de uma proeminência fora do comum. O livro, *The Hiram Key* (A Chave de Hiram), 1996, é muito ambicioso em seus objetivos, sendo dois os principais que estão relacionados em conjunto pelos autores. O primeiro, é não menos do que uma reavaliação dos fundamentos cristãos, seguido do pleno acesso ao público em 1991, dos Pergaminhos do Mar Morto, primeiramente descobertos em 1947. O segundo, é uma tentativa de relacionar estes achados com os Rituais recentes da Maçonaria, do Arco Real e os Graus da Marca, sobre as bases de que os Templários escavaram as ruínas do Templo de Jerusalém (aquele de Herodes, não o de Salomão) e acharam detalhes que podem ser reconhecidos como tendo uma relação muito próxima com estes Rituais. Os pontos seguintes são feitos relativamente ao contexto deste trabalho (que não possuem a pretensão de ser uma revisão completa, mesmo dos aspectos maçônicos do livro):

(1) Sem ser protetor, deve ser dito que o livro contém alguns pontos ingênuos interessantes dos detalhes, e que pelos valores dos quais não é perdido por uma rejeição das teses maçônicas gerais; e estas podem ser jogadas à luz, sobre os antecedentes Rituais. Por exemplo, existe uma explicação do simbolismo dos dois pilares da entrada do Templo de Salomão, como representantes da estabilidade conjunta dos reinos unidos de Judah e Israel daquele tempo, derivadas de um simbolismo anterior, usados nos reinos do Alto e Baixo Egito; e aplicados mais recentemente, como Símbolos de estabilidade na Maçonaria. Não segue, entretanto, que este tipo de traços chegou às Ilhas Britânicas, e que foram incorporados no Ritual, via Templários. Intrigante também é a derivação sugerida do emblema tradicional do Compasso combinado com o Esquadro, a partir da estrela de David, com a remoção de duas linhas horizontais.

(2) Os autores rejeitam qualquer conexão entre os Maçons especulativos e as "guildas" maçônicas operativas, do período medieval, sobre o terreno que não existiram guildas desta espécie na Bretanha, como existiram com armas heráldicas no estrangeiro. Assim eles aparentemente ignoram a Companhia de Maçons de Londres, que era

medieval de origem, e que cujas armas (brasão) foram incorporadas aos da Grande Loja Unida da Inglaterra. Eles não fazem nenhuma menção às primeiras evidências importantes, como a "Aceitação", dentro daquela companhia. E também parecem ignorar o propósito prático operativo das Lojas dos pequenos burgos (cidades) dos Maçons Escoceses.

(3) Além disso, as organizações de ofício maçônicas inglesas eram, de fato, tão bem estabelecidas, e tão consideradas, que por volta de 1272 elas foram adotadas em Estrasburgo, no que diz respeito à área da Europa que falava alemão; as habilidades inovadoras dos Maçons Ingleses produziram uma sucessão de quatro estilos góticos puramente ingleses de grande distinção, variedade e quantidade. Esta proeminência é também refletida pelas Antigas Obrigações. Enquanto os autores mencionam algumas das Antigas Obrigações, e eles não fazem nenhuma referência das Obrigações, ao redor dos anos 1400, e do seu desenvolvimento progressivo na Inglaterra, através de mais de 100 versões relacionadas, em primeiro lugar, aos Maçons operativos, e posteriormente, em muitas versões, aos Maçons não operativos: uma importante ligação entre os Maçons operativos e não operativos; nem tampouco eles mencionam que as versões das Antigas Obrigações eram eventualmente adotadas na Escócia, a partir dos modelos ingleses.

(4) Havendo rejeitado qualquer conexão com a Maçonaria operativa, os autores se atêm somente a duas outras bases de origem da Franco-Maçonaria moderna, principalmente na aceitação da verdade literal do Ritual dos dias atuais, e da rota dos Cavaleiros do Templo. Eles se referem ao "ritual", com sendo uma entidade única, sem qualquer sugestão do desenvolvimento histórico ou variação; e esquecem de mencionar As Antigas Obrigações de um Franco-Maçom, como é colocada no nosso atual *Livro da Constituição* inglês, seguindo, com pequena variação, daquelas de 1723, as quais fornecem uma outra ligação com as Antigas Obrigações. Os Livros Escoceses das Constituições, que não tiveram o seu início antes de 1836, nunca

incluíram "As Obrigações de um Maçom-Livre", os quais constituem uma corrente inglesa muito importante do pensamento maçônico, historicamente separada do Ritual, e uma das quais os autores não relaciona, as suas teorias, de nenhuma forma.

(5) A conexão sugerida entre os Templários e a Maçonaria operativa escocesa, é dada com as seguintes palavras (pág. 313):

> *... foram os Maçons especulativos (Templários), que adotaram os Maçons operativos (trabalhadores em pedra), e os introduziram ao nível dos segredos menores relacionados com o Templo de Salomão...*

Isto lembrando que a construção da Capela Rosslyn teve a sua construção iniciada cem anos depois da supressão dos Templários. O termo moderno, "Maçom especulativo", necessita de uma explicação completa para ser usado, com qualquer significado real, em um contexto do século quinze, com concessões muito mais anteriores, e os autores escrevem:

> *...o lugar de início da Franco-Maçonaria foi a construção da Capela Rosslyn, na metade do século quinze...*

e eles creditaram a William St. Clair, para quem a Capela foi construída, a invenção do Primeiro Grau da Maçonaria Artesanal (Craft) e o Grau de Maçom da Marca:

> *... para dar aos seus Maçons operativos, um código de conduta, e envolvimento nos segredos, sem dizer a eles o grande segredo da ressurreição da vida, que ficou reservado para os Maçons especulativos.*

Isto novamente parece ser uma justaposição incongruente do moderno com o medieval. Existe também uma séria falta de probabilidade, de quem quer que seja, em 1446, os quais poderiam ser identificados como sucessores dos Templários, mais de cem anos antes, havendo tido uma existência contínua, suficiente para manter vivas estas tradições, e então confiando sobre os trabalhadores em pedra, como se fossem guardiões adequados para eles.

(6) Os autores continuam:

> *...A Franco-Maçonaria foi ... formalizada pela junta do Rei James, pelo casamento operativo/especulativo dos Templários Rosslyn ...*

Isto é, sobre as bases de que James VI e I foram Maçons,

membros da Loja de Scone. Eles não mencionam que David Murray Lyon, e mais recentemente David Stevenson, haviam rejeitado aquela suposta evidência. A junta James parece haver sido consistida de William Schaw na Escócia e Francis Bacon na Inglaterra. De fato, James não estava interessado, nesta extensão, em adotar formalmente os Estatutos Schaw, para a regulamentação dos Maçons Escoceses. Não existe nenhuma evidência, em qualquer registro maçônico apropriado conhecido, ou história, de qualquer tipo de formalização da Maçonaria na Inglaterra, durante o reinado de James I, nem tampouco que Bacon havia sido um Maçom.

(7) De uma maneira geral, nenhuma tentativa foi feita para reconciliar o argumento, com os fragmentos sobreviventes dos primórdios da história maçônica. Para tomar um exemplo final, a Franco-Maçonaria, na qual foram usados os Sinais secretos e as Antigas Obrigações, foi formulada por Robert Plot em 1686, para ser "...um costume espalhado mais ou menos por toda a Nação..." (isto é, Inglaterra); os autores não mencionam, e não fazem comentários sobre isto. Naqueles dias (antes das Grandes Lojas), a única maneira pela qual este tipo de situação poderia ter acontecido, foi através do costume nativo, por longo tempo reconhecido e estabelecido; e não na ausência de um sistema conhecido organizado, suportado com propriedade, no mínimo por alguma evidência histórica, da maneira que os autores estão afirmando.

## 2

Os autores em um livro anterior, *The Temple and the Lodge* (1989), argumentaram de uma maneira similar, até onde estão relacionados os assuntos dos dois primeiros parágrafos da 1ª Seção, mas após isso, seguem uma rota diferente, procurando associar as origens da Franco-Maçonaria, com os Templários via Escócia não fazendo nenhuma referência aos argumentos complexos anteriores Judeus/Cristãos do *The Hiram Key*.

Eles reconhecem que, se existiu uma associação entre os refugiados Templários e as guildas dos Maçons operativos na Escócia, ela deveria ter-se exaurido por si mesma, lá pelo século quinze. Eles, portanto, procuravam por uma ligação intelectual, através de intelectuais instruídos nas livrarias Bizantinas, que aconteceu após a queda de Constantinopla, para os turcos em 1453, e da expulsão dos árabes e judeus da Espanha em 1492; sugerindo que isto possa ter sido fomentado na Escócia pelos membros da nobreza escocesa, que haviam servido na Guarda Escocesa do Rei da França, e por uma conexão Guise-Lorraine, através de Marie de Guise, e de sua filha Mary, Rainha dos Escoceses, e de seus netos James VI e I, e particularmente através dos Sinclairs of Rosslyn, que de uma outra maneira criaram uma conexão Templária, através de uma outra rota.

Quanto a isto, falta substância e realidade, não sendo a última relação com a maioria não intelectual dos Maçons não operativos que estava em curso nas Lojas Escocesas, unido ao fracasso de um período considerável, de não existência de pessoas de boas famílias (até os anos 1730), para envolverem-se suficientemente para assumir o controle, e a falta de qualquer sugestão de intelectualidade nos primeiros catecismos maçônicos. Eu adoto também a este respeito, os comentários do Irm∴ R. A. Gilbert em sua revisão do *The Temple and the Lodge* da AQC 101, pág. 254-6, e observei os comentários posteriores sobre as tumbas dos Templários na AQC 105, pág. 247-0.

As lendas templárias, conectadas com a Maçonaria Escocesa, possuíram fascinação em um período anterior. O Rito da Estrita Observância, fundado em 1754, é tido como sendo originário da fuga para a Escócia de Pierre d'Aumont, que sucedeu Jacques De Molay como Grão-Mestre dos Cavaleiros Templários, no tempo da sua Supressão; ele havia escapado acompanhado de sete companheiros, todos vestidos em trajes de Maçons operativos. De acordo com uma outra versão, os cavaleiros fugitivos reuniram-se no misterioso Monte de Heredom (ou Heredon) próximo a Kilwinning, e transformaram-se a si mesmos Maçons-Livres, transformando os supostos segredos dos Templários, dentro daqueles da Franco-Maçonaria, criando assim uma associação com Kilwinning. Na realidade, como é bem conhecido, Kilwinning tornou-se um nome importante na Maçonaria Escocesa em termos modernos, e uma Grande Loja de fato, por um certo período de tempo.

## 3

Uma outra teoria bastante diferente, apesar de ter um princípio comum na argumentação para uma origem intelectual da

Franco-Maçonaria, como sendo derivada da Escócia, foi lançada pelo Professor David Stevenson no livro *The Origins of Freemasonry, Scotland's Century, 1590-1710,* publicado em 1988. Ele não faz nenhuma sugestão, qualquer que ela seja, que isto teve alguma coisa a ver com os Cavaleiros Templários.

Stevenson argumenta que os Maçons operativos da Escócia, havendo criado um sistema de Lojas organizadas, uniram a mitologia medieval com as últimas influências intelectuais da Renascença, em uma série de Rituais misteriosos, para serem primeiramente copiados na Inglaterra, e posteriormente por toda a Europa.

Ele coloca grande ênfase sobre a contribuição de William Schaw, cuja referência já foi feita, e que foi Mestre dos Trabalhos do Rei James VI, de 1583 até a sua morte em 1602, e sobre a qual foram feitos os regulamentos de um Maçom de ofício (craft), e que são conhecidos como o Primeiro Estatuto de Schaw, datado de 28 de dezembro de 1598, e o Segundo Estatuto de Schaw é datado de 28 de dezembro de 1599. Esta ênfase está relacionada com o fato de que, através de um fornecimento do Segundo Estatuto, o Vigilante da Loja "Kilwinning" (a cuja Loja, o segundo estatuto faz referência específica), foi-lhe ordenado examinar cada Aprendiz (entered apprentice) e Companheiro (fellow craft) na arte da memória, e disto e daquilo. Quanto a isto Stevenson escreveu:

> *... "A arte da memória" não era simplesmente um termo estranho e mal acabado, por isso foi memorizado (como foi assumido no passado). Era uma técnica de memorizar as coisas que tinham as suas origens na Grécia antiga. Originariamente pura e utilitária – apesar de ser muito elaborada – o método de ajuda de memória, na Idade Média e na Renascença, a arte de memorizar tomou um sobretom muito mais complicado, tornando-se alguma coisa, que era altamente simbólica e mesmo oculta. A referência à arte da memória, no Segundo Estatuto de Schaw, fornece a única evidência direta, como foi oposta para a forte evidência circunstancial direta, que remodelando os Maçons de ofício, William Schaw estava deliberadamente introduzindo influências dentro do artesanato, e por esta razão ela era imensamente importante ...*

Novamente, no estado prático da Maçonaria Escocesa operativa de 1600, alguém poderia muito bem pensar que o significado previamente fornecido e assumido estava correto. Por que deveria Schaw ter problemas em tentar introduzir aquelas idéias, ou que os Maçons estivessem prontos em ter dificuldades em adotá-los, ou que provavelmente os adotaram permanentemente, tendo em vista a morte prematura de Schaw?

Nas páginas 231-2 de seu livro Stevenson afirma:

> *...Quando e aonde a Maçonaria foi criada? Este livro tem argumentado que a resposta foi na Escócia por volta de 1600, e se alguém pode ser aclamado como seu fundador, este homem é William Schaw ...*

Depois deles qualificarem esta afirmativa, dizendo que alguém não pode reduzir estes assuntos complexos, a uma simples conclusão, ele continua:

> *... na Escócia, por volta de 1600, aconteceu a façanha espantosa de William Schaw, enxertando dentro da ciência tradicional dos Maçons, guardada como relíquia nas Antigas Obrigações (que Stevenson aceita como sendo uma contribuição inglesa), uma organização baseada em um novo tipo de Loja Maçônica, enriquecendo a antiga ciência, com os últimos temas da renascença ...*

Parece que não existe nenhuma evidência para justificar esta afirmativa. Nós já vimos casualmente que James VI não adotou o Estatuto Schaw.

E uma objeção alguma coisa similar é levantada, com relação a um outro argumento importante, assim como também a uma primeira contribuição escocesa, para a Maçonaria Especulativa. Esta é a contribuição de Sir Robert Moray, e de sua famosa Marca, uma estrela de cinco pontas e um acróstico. Sir Robert Moray foi inquestionavelmente um Maçom, e um homem interessado em complexidades intelectuais, mas é muito duvidoso se seus Irmãos Maçons Escoceses estavam interessados da mesma forma com estas complexidades, e para com este prolongamento sério. Alguém pode também concordar com a sugestão do Irm.·. Walace McLeod (AQC 97, págs. 203-5), que estas características não eram de ninguém mais, do que pessoais de Murray; em outras palavras, elas não possuíam significado maçônico para outros Maçons.

## 4

Estas teorias, como as derivações do conteúdo intelectual da

Franco-Maçonaria através da Escócia, são contrárias aos fatos básicos. Quando David Murray Lyon sugeriu que Desaguliers introduziu membros da Loja de Edimburgo, para a Maçonaria Especulativa em 1721, ele estava refletindo uma posição, a partir do seu grande conhecimento da história maçônica escocesa, que apesar das evidências mostradas por escrito, estavam muito mais claras, do que em relação à Maçonaria Inglesa, e os detalhes das várias Lojas Escocesas, estes estavam ainda relacionados fundamentalmente a um artesanato operativo, e o envolvimento de Irmãos não operativos muitas vezes era individual, e de pequena duração, e pequeno bastante para não variar por completo a posição.

As condições favoráveis para o desenvolvimento de uma amizade fraterna, entre não Maçons, associados com a Maçonaria operativa, foram desenvolvidas mais tarde na Escócia do que na Inglaterra. Na Inglaterra, poderia-se datar no início dos anos 1500. Na Escócia o feudalismo difundido e sanguinário continuou até o início dos anos 1600; James VI, por si mesmo pode ser considerado feliz por ter sobrevivido para suceder o trono inglês. Os homens ainda achavam necessário viver em casas fortificadas.

Para dar um exemplo específico, relacionado a um distrito próximo a Kilwinning, um lugar de grande proeminência na tradição maçônica escocesa; se alguém verificar no livro *Historic Ayshire* (composto por Wiliam Robertson em 1891, a partir de fontes muito anteriores), relativo aos anos 1500, este é um catálogo de vendetas e assassinatos, particularmente envolvendo as principais famílias da área, os Montgomeries e os Cunninghams (ou Cunninghames) que estavam em posições contrárias. No final de 1570, é achada uma referência de uma outra fonte, "...Os não operativos chegaram na Loja "Kilwinning" em 1670, com uma notável explosão de atividades..."; e é interessante observar que a Loja então incluiu como Irmãos no conjunto, membros destas duas famílias importantes.

Um propósito deste Apêndice, combinado com o Apêndice I, é portanto fazer comentários sobre o problema na procura, precisa, imparcial e balanceada, o quanto for possível, sobre a questão, das respectivas contribuições da Maçonaria Inglesa e Escocesa, para as origens maçônicas. Deve-se aceitar que muito não é conhecido, e que pode existir agora uma pequena perspectiva de emergência de evidências suplementares, mas eu acredito que seja razoável aceitar que a contribuição feita pela Maçonaria Escocesa, para as origens da Maçonaria, são primárias, como são as características derivadas diretamente da Maçonaria operativa. Precisamos também lembrar do ponto feito em algum lugar neste trabalho, quanto a inclusão das *Obrigações de um Maçom Livre*, nos livros ingleses da Constituição, desde a primeira edição de 1723, mas não da Constituição Escocesa, mesmo hoje em dia refletindo, pode-se pensar, não em uma diferença fundamental de visão, de tempos mais recentes, mas uma diferença de ênfase (menos, não operativa em caráter, pela exclusão destas Obrigações) em um primeiro estágio, quando as tradições eram registradas.

Realmente, a característica fundamental hoje em dia é o destacado Grau de concordância, que tem existido entre a Grande Loja Inglesa e Escocesa, e também com a Grande Loja Irlandesa, em todos os assuntos essenciais relativos à Franco-Maçonaria, desde o acordo de 1814, representando as três mais antigas tradições do mundo, e uma força poderosa para a ortodoxia em Maçonaria.

O ponto conclusivo, entretanto, é que cada uma das teorias consideradas neste apêndice, é preconcebida no que elas sugerem uma base da origem através das idéias atribuídas às primeiras datas, as quais têm sido vistas em conexão com a Maçonaria moderna; não são convincentes, em cada momento, porque existem lacunas desconectantes na evidência e/ou fracassos para situar com a evidência conhecida, dificuldades que surpreendentemente provaram ser difíceis, e realmente até agora impossível de remontar, com relação às teorias preconcebidas como um todo. As teorias consideradas no apêndice são acima de tudo mutuamente contraditórias.

# A Maçonaria – Pura – e Aceita

## Os Graus Maçônicos e Extramaçônicos 1843-1901

*PELO IRM.˙. JAMES W. DANIEL*

### INTRODUÇÃO

Sobre os artigos da união de 1813:

> *É declarado e pronunciado, que a Maçonaria Pura e Antiga consiste de três Graus, e não mais aquele de Aprendiz Maçom, o de Companheiro Maçom, e o de Mestre Maçom, incluindo a Suprema Ordem do Santo Arco Real. Mas este artigo não tem a pretensão de impedir qualquer Loja ou Capítulo de realizar reuniões em qualquer Grau da Ordem da Cavalaria, de acordo com a Constituição destas ditas Ordens.*

Em 1853, entretanto, qualquer menção feita aos "Graus da Ordem da Cavalaria", era omitida, quando este artigo foi pela primeira vez incluído na *Constituição da Antiga Fraternidade dos Maçons Livres e Aceitos,* uma indicação clara de que durante os quarenta anos que antecederam a relação, entre a "Maçonaria Pura e Antiga" e outros ramos da Franco-Maçonaria, passou por mudanças consideráveis e significantes. Contudo, em uma carta datada de 21 de dezembro, o Grande Secretário da UGLE, sendo ele próprio um membro do Grau trinta e três, escreveu ao Grande Secretário Geral do Rito Antigo e Aceito:

> *A Ordem do Rito Antigo e Aceito, apesar de maçônica em seu caráter, não adota e não imita a fórmula usada pela Maçonaria, ou assume autoridade para conferir os três Graus, dos quais os Artigos da União declara consistir a Antiga e pura Maçonaria. Ainda mais, a Ordem do Rito Antigo e Aceito, é um corpo que compreende entre os seus membros, não somente o M. W. Grão-Mestre, o qual é o seu Grande Patrono, mas muitos outros membros de distinção da Maçonaria, e a comissão sinceramente acredita que as relações cordiais e fraternais, que sempre existiram entre os dois corpos, nunca deixem de existir.*

Este trabalho tenta explicar as mudanças no clima maçônico na Inglaterra, que ocorreram entre os Artigos da União (1813) e a carta de Letchworth de 1910. Algumas das questões, para as quais no mínimo serão dadas respostas parciais, são:

(a) que durante este tempo existiu a chave de partida que exercitou o desenvolvimento de Ordens e Graus, além da "Antiga e pura Maçonaria" (que eu deverei denominar "extramaçônicos")?
(b) existiam Lojas, capítulos ou acampamentos, onde eles tinham a tendência a se congregarem?
(c) quem orientou a Grande Loja na direção de se aceitar os Corpos Extramaçônicos?
(d) qual é a relevância do período entre 1843-1901, para a Franco-Maçonaria de hoje em dia na Inglaterra?

## A FRANCO-MAÇONARIA INGLESA EM 1843

### O Duque de Sussex e os Graus Extramaçônicos

Ao Duque de Sussex (Grão-Mestre de 1813-43), a Maçonaria Inglesa deve a sua estabilidade nos primeiros trinta anos da Grande Loja Unida da Inglaterra. A união das duas Grandes Lojas não foi sem dor, isto é, foi traumática. Dentre as casualidades que existiram entre as duas Grandes Lojas constituintes, estavam aquelas cuja Maçonaria havia previamente incluído Graus, os quais sob os

Artigos da União não mais eram considerados como fazendo parte da "Maçonaria pura e Antiga", e aqueles que deploravam a universalização da Maçonaria unida. A inclusão nos Artigos da União para a continuação dos trabalhos dos "Graus da Ordem da Cavalaria", pode ter sido para satisfazer um dos membros participantes da comissão, Waller Rodwell Wright, Grão-Mestre dos Cavaleiros Templários (1807-12), ou para assegurar que os Cavaleiros Templários estavam também protegidos sob o Ato das Sociedades Ilegais (Fora da Lei) de 1799. O seu fracasso em dar cobertura e em definir os Graus, não acalmaria os medos daqueles que viam parte de sua experiência maçônica sendo marginalizada. Realmente da atitude do Duque de Sussex, estava claro que estes Graus extramaçônicos, não estavam mais oficialmente aprovados ou encorajados. A opinião pessoal do Duque sobre os Graus extramaçônicos é desconhecida, mas ao aceitar o ofício do Grão-Mestre dos Cavaleiros Templários, e a patente para a formação de um Supremo Conselho, e então assegurando que pouco ou nada aconteceu, pelo menos durante a sua vida, ele evitou dar suporte ou se opor a eles, e assim perpetuando uma causa de conflito, a qual a União havia resolvido. Sussex concentrou a sua energia na nova Grande Loja, durante os seus anos de formação sobre "Maçonaria pura e Antiga", e longe do que possa ser lembrado, sem nenhuma dúvida, como sendo arestas supérfluas e excrescências. Ele foi também preocupado em proteger a Grande Loja da Inglaterra de ser absorvida para dentro ou sujeita a qualquer dos assim chamados altos Graus (porque ele sabia o que havia acontecido, por exemplo, na América do Sul) particularmente porque estes Graus estavam muitas vezes associados com a França, um país que a Inglaterra ainda estava em guerra em 1813, e cujas confusões internas os governantes ingleses estavam felizes por ter evitado.

Sussex, como Grão-Mestre dos Cavaleiros Templários, nomeou William Henry White como Grande Chanceler da Ordem (1813). White era Grande Secretário da Grande Loja (1813-56), e estava preocupado que a Maçonaria recentemente unida e purificada, não pudesse entender a sua atitude com relação aos Cavaleiros Templários, uma atitude que ele afirmou, dividia com Sussex e posteriormente com Lord Zetland, o sucessor do Duque como Grão-Mestre da Maçonaria. White escreveu ao Grão-Mestre Provincial de Frankfurt em 1821:

*Com relação aos outros Graus da Cavalaria ... o Grão-Mestre adiciona a explicação que estes Graus para a Grande Loja da Inglaterra são, particularmente no seu todo, um assunto de tolerância para a Fraternidade, do que uma medida de reconhecimento.*

E em uma carta datada de 24 de setembro de 1846 para o Excelente Companheiro Stark do Capítulo Humber (Arco Real) Nº 65, White escreveu ao Grande Escriba Esdras:

*Eu estou grato pela sua carta de ontem, e eu deveria preocupá-lo com uma resposta, excetuando-se o propósito de remover da sua mente uma impressão, a qual eu penso você levará em consideração, em conseqüência de eu ser um Cavaleiro Templário, e ocupando um cargo no Grande Conclave daquela Ordem, eu reconheço Os Cavaleiros Templários como sendo um Grau Maçônico. Isto eu asseguro a você, não é o fato. Eu como você, achamos que O Arco Real é o Ápice e o Supra-sumo da Maçonaria, esta é a opinião do nosso atual Venerabilíssimo Grão-Mestre, e também é a opinião no nosso último Grão-Mestre Real, O Duque de Sussex, apesar de Sua Alteza ter sido por muitos anos o Grão-Mestre dos Cavaleiros Templários, mas H.R.H. sentiu que ocupando este posto, ele tinha melhores meios de ajudar a regular a ordem, e de evitar que ela fosse conectada como parte da Maçonaria, como aconteceu na França e em alguns outros países...*

Mas se Sussex esperava sufocar os Graus extramaçônicos, que haviam sido praticados no tempo da União, ou parar com a criação ou importação de alguns mais, ele falhou nos seus objetivos. Uns poucos acampamentos dos Cavaleiros Templários continuaram a se reunir depois de 1813. Os registros de dois acampamentos londrinos durante o período de 1831 até a morte de Sussex, demonstram que a Ordem foi atrativa para diversos membros proeminentes e influentes da Maçonaria, e para alguns que deveriam alcançar distinção na próxima década, a estes nós devemos agora tecer considerações.

## Dois Acampamentos Tenazes

Em 1831, o Acampamento da Cruz de Cristo (agora Preceptory of St. George) recebeu como membro filiado "Sir Knight Robert

Thomas Crucefix, Past Stander Bearer of the Grand Conclave, Edinburg", e em 1832, conferiu a ele "as honras do Rosa Cruz e o Ne Plus Ultra". Crucefix serviu como Eminent Comander do Acampamento em diversas ocasiões, e foi eleito membro honorário em 1849. Durante 1837/38, seu primeiro ano como dirigente, ele iniciou o movimento para coordenar os esforços de outro Acampamento de Londres, para arranjar uma reunião do Grande Conclave, na qual eles poderiam discutir "o estado dos negócios em relação à Ordem, uma campanha que ele lutou por ela, até que o seu objetivo foi alcançado, três anos após a morte de Sussex.

Crucefix (1750-1850), M.D. (St. Andrews) M.R.C.S. (St. Bartholomew's) já era conhecido como um agitador para o progresso da Maçonaria. Ele foi Iniciado na Loja "Burlington", se filiou à Loja "Banco da Inglaterra" e à Loja "Paz e Harmonia" em 1830-1 e foi Exaltado no Capítulo do Arco Real Naval e Militar em Edimburgo (1830). Ele foi um Grand Steward, e um membro ativo da Loja "Grand Steward" (1832) e da comissão de Propósitos Gerais (1832-7). Foi nomeado Segundo Grande Diácono da Maçonaria e Grand Standard Bearer do Supremo Grande Capítulo em 1836. Todavia como fundador (em 1834) e editor do *The Freemasons Quarterly Review*, ele tornou-se um espinho no lado daqueles que controlavam a Grande Loja, especialmente Sussex, White, Alexander Dobie (Presidente da Comissão de Propósitos Gerais, em 1842-8, Grande Arquivista 1846-56) e Rowland Alston, M.P. (Grão-Mestre Provincial, Essex, 1836-65, Presidente da Comissão, 1849-53), e em 1840 por pouco não escapou da expulsão da Maçonaria. Crucefix usou o seu periódico para promover as suas campanhas de desafio em favor do Dr. George Oliver, o mais proeminente escritor maçônico daqueles dias, mas exonerado como Grão-Mestre Adjunto de Linconshire em 1842, o governo mais aberto da Maçonaria para os Maçons, o Asilo para Maçons Idosos e Desamparados, e as Ordens Maçônicas Cristãs. Estas campanhas não o fizeram estimado entre os seus dirigentes da Maçonaria, mas elas encontraram considerável suporte em outros lugares.

Richard Lea Wilson e Henry Beamont Leeson, haviam sido instalados como Cavaleiros Templários no Acampamento da Cruz de Cristo, e haviam recebido os Graus Rosa-Cruz e o Ne Plus Ultra no início de 1843, e neste tempo William Tucker do Capítulo do

Arco Real, havia sido proposto como candidato à instalação. Wilson Leeson e Tucker logo se uniram a Crucefix como membros originais do Supremo Conselho.

Richard Wilson (1807 ?-61) como Crucefix se filiou às Lojas "Burlington" e "Paz e Harmonia" (1823), e tornou-se Grand Steward (1834) e se filiou à Loja "Grand Steward". Ele foi Exaltado no Fidelity Charpter, e em 1841 tornou-se Primeiro Grande Vigilante Provincial em Surrey.

Henry Leeson (1803-72), M.D., F.R.C.P., F.R.S., formado em medicina forense no Hospital St. Thomas, foi Iniciado na Loja "St. Mary", filiando-se à Loja "Príncipe de Gales" em 1839, dois anos depois que Zetland havia sido o seu Mestre, e tornou-se seu Mestre Adjunto e seu Mestre em 1849 e 1854 respectivamente. E ele foi feito Grand Steward em 1842.

William Tucker (1815-55) foi descrito como magistrado em sua Iniciação em 1842 na Loja "Unanimity e Sincerity" em Tounton, tornou-se Grande Arquivista Provincial de Somerset no ano seguinte. Mestre da sua Loja em 1844, ele foi nomeado Primeiro Grande Diácono na Grande Loja, governante Provincial da Maçonaria, do Arco Real, e dos Cavaleiros Templários em Dorset em 1846.

O primeiro acampamento da Inglaterra provou ser igualmente atrativo durante o final dos anos 1830 e no início dos anos 1840, e gozou de um relacionamento muito próximo com os Acampamentos da Cross of Christ. Em 1838, Richard Wilson (já mencionado), que já havia se filiado à Cross of Christ, anunciou que o Grão-Mestre da Ordem havia autorizado o primeiro Acampamento a mudar o seu nome para Fé e Fidelidade, e o ligou ao Capítulo da Fidelidade. No início de 1839, Wilson estava agradecido pelos seus outros membros "pelos seus serviços pelo renascimento deste Acampamento que estava adormecido". (Leeson deve ter se filiado ao Fé e Fidelidade da Cross of Christ, no mesmo ano de 1839, ele estava de acordo com o voto similar de congratulações.)

Dentro de cinco anos, cinco outros Companheiros do Arco Real foram instalados ou se filiaram no desenvolvimento dos Graus extramaçônicos: Henry e John Udall, John Cox, Davyd Nash e Henry Emly. Um breve exame sobre sua linha de ancestrais, nos trará à tona algumas outras interessantes conexões.

Henry Udall (1808-74) um advogado da corte de Essex, The Temple, foi Iniciado na Loja "Westminster e Keystone" em 1835 (seu Mestre em 1838 e 1839, Secretário em 1841-50). Ele recebeu os Graus de Malta, o Rosa-Cruz e o Ne Plus Ultra, no Acampamento Fé e Fidelidade (Eminent Commander, 1840), e então tornou-se Tesoureiro do Supremo Conselho em 1845/6. A sua carta de apoio ao destituído Dr. Oliver, foi publicada no *The Freemasons' Quaterly Review.*

O Irmão de Henry, John Udall, foi Iniciado na mesma Loja (Mestre, 1840 e 1841, Tesoureiro 1841-50), antes de ser Exaltado no Arco Real (1836), provavelmente no Capítulo Fidelidade. Ele se filiou à "Royal Somerset House" e à Loja "Inverness" (1839); à Loja "Grand Stewards"10" em 1840 (Mestre, 1844). Foi nomeado Segundo Grande Diácono em 1849 e participou dos procedimentos da Grande Loja por muitos anos. Na Ordem do Templo, John Udall seguiu seu Irmão para Fé e Fidelidade, tomando os Graus adicionais em 1840, e tornou-se Comandante em 1844.

John Astel D(eacon?) Cox (d. 1878) foi Iniciado na Loja "Royal Somerset House", e na Loja "Inverness" em 1838 (Mestre em 1845) e então se filiou à Loja "Westminster e Keystone" em 1841 (Mestre, 1843 e 1847-8). Foi nomeado Grand Steward em 1843, se filiou à Loja "Grand Steward" em 1844 (Mestre, 1850). Da mesma forma que Wilson, ele serviu como Grande Vigilante Provincial, em Surrey. Cox tornou-se um membro do Supremo Conselho em 1846, e Grande Arquivista do Grande Conclave dos Cavaleiros Templários (1848-60).

Davyd W. Nash (1810-76), um cirurgião e advogado, foi Iniciado na Loja "Royal Sussex da Hospitalidade" em Bristol em 1832 (Grão-Mestre Adjunto Provincial, 1854). Ele já havia sido Grande Chanceler no Acampamento Baldwyn, quando se filiou à Loja "Fé e Fidelidade" em 1842. Ele se juntou a Cox e Udalls na Loja "Westminster e Keystone" em 1843 (Mestre, 1846) e Crucefix, Leeson, H. Udall, Cox, Wilson e Tucker no Supremo Conselho em 1846.

Henry Emly (d. 1856?), um advogado de New Square, Lincon'n Inn, foi Iniciado na Loja "St. Mary's Nº 76" (agora Nº 63) e Exaltado no Capítulo Príncipe de Gales. Leeson o instalou como Cavaleiro Templário no Fé e Fidelidade em 31 de maio de 1842, quando Udalls, Wilson, Cox e Nash estiveram presentes, e conferiram-lhe os Graus Rosa-Cruz e o Ne Plus Ultra no mês de junho. Emly se filiou à Loja "St Alban's" (Mestre em 1847 e 1848) e então tornou-se Grand Steward em 1845, se filiou à Loja "Grand Steward" no mesmo ano (Mestre, 1851 e 1852). Ele também foi eleito para o Supremo Conselho em 1846, antes de se tornar Grande Esmoler (1847-50) e Grande Chanceler (1851-5) do Grande Conclave.

A tenacidade e o sucesso destes dois Acampamentos de Londres, o Cruz de Cristo e Fé e Fidelidade, demonstraram o suporte contínuo entre os antigos Maçons para com os "Graus da Ordem da Cavalaria". Em qualquer outra parte, no mínimo dois Grão-Mestres eram Cavaleiros Templários ativos: Alston de Essex (já mencionado), que havia sido instalado na Cruz de Cristo em 1832, e o Coronel Kemeys-Tynte de Somerset (1820-60) que tornou-se Grão-Mestre da Ordem do Templo (1846-55). Outros que estavam logo abaixo deles, os seguiram. Nós não podemos ser dogmáticos com relação às raízes desta denominação para preservar qual Ponte chamada parte ou parcela do trabalho Antigo, mas certamente o caminho da Maçonaria Inglesa, estava pronto para se desenvolver, e deve ter sido influenciado pela personalidade e do status destes primeiros membros da Maçonaria, a relutância em alguns quartéis, em aceitar a supressão dos Graus extramaçônicos e a Cristianização da Maçonaria. Outros fatores podem muito bem ser a influência de certos aspectos da Maçonaria Irlandesa, o crescimento das viagens internacionais, a justaposição das Lojas Inglesas Escocesas e Irlandesas, e os Capítulos do Arco Real, em territórios divididos no estrangeiro, e na enorme disseminação na Inglaterra, da informação acurada e autorizada da Maçonaria, no país e no estrangeiro. Uns poucos exemplos serão suficientes para se citar aqui.

Um Supremo Conselho havia sido fundado na Irlanda em 1824. Outros Graus extramaçônicos eram relativamente bem desenvolvidos ali, e os visitantes ingleses das Lojas civis e militares irlandesas, poderiam encontrar-se com os seus membros; o Coronel Francis Burdet (1813-92), por exemplo, foi Iniciado em uma Loja militar irlandesa na Índia (1837), e foi então nomeado representante da Grande Loja da Irlanda, junto à da Inglaterra (1868). Ele tornou-se o primeiro dirigente Provincial da Maçonaria (1869) e da Marca (1870) em Middlesex, era Vice-Presidente Honorário da Sociedade Rosacruciana da Inglaterra (1871), e membro do Grau trinta e três sob o Supremo Conselho Inglês (1879). Para freqüentar o Capítulo do Arco Real, sob a Constituição Escocesa, os Companheiros Ingleses requeriam o Grau da Marca, que a sua própria Grande Loja não reconhecia como fazendo parte da "Maçonaria pura e Aceita". A popular *Freemasons' Quartely Review,* trazia no seu bojo freqüentes artigos sobre as atividades dos Graus extramaçônicos na Irlanda, Escócia e no continente europeu.

## DE 1843 A 1856

A depressão que se seguiu após a morte de Sussex no início de 1843, foi rapidamente seguida por frentes que sempre haviam se desenvolvido desde a União, e por aquele tempo ocorreu que estas frentes haviam passado por sérias mudanças na situação. A morte de Sussex, e a subseqüente renúncia do Lord Salisbury como Deputy Grand Master (Grão-Mestre Adjunto) e a instalação de Lord Zetland como Grão-Mestre em 1844, provavelmente encorajou os Maçons, que ainda estavam ativos, e que estavam do outro lado da Maçonaria, a esperar por um dirigente menos autocrático, mais tolerante e de atitudes menos defensivas, com relação aos Graus extramaçônicos, e um reconhecimento do que Sussex havia chamado de "a Fraternidade Expandida". Enquanto alguns destes homens poderiam estar procurando o poder negado a eles na Maçonaria, outros desejavam a liberdade de escolha, e queriam que a Grande Loja aceitasse a seus corpos escolhidos além da Maçonaria convencional, mesmo que ela não os reconhecesse. Certamente, Crucefix, Oliver e seus protetores, pensavam que eles estavam trabalhando para o bem da Maçonaria em geral, e promovendo um avanço diário no conhecimento maçônico.

As suas esperanças não foram imediatamente ou totalmente reconhecidas. Zetland que havia de dirigir a Maçonaria por vinte e seis anos, era ainda assessorado por White, Dobie e Alston, por no mínimo nos seus primeiros dez anos. Ele permaneceu no geral fiel à voz do seu Grão-Mestre antecessor, permaneceu desconfiado da publicidade, e carregou os problemas da Grande Loja, e suas primeiras dificuldades com Oliver e Crucefix. Ele não se desviou para fora da Maçonaria pura e Aceita, e continuou a sua consolidação, seguindo os desenhos do seu real predecessor, ainda que os agitadores objetivando as reformas alcançaram uns poucos notáveis sucessos.

### Desenvolvimentos nos Cavaleiros Templários

Enquanto o Grande Secretário White, como Grande Chanceler,

continuou a resistir às crescentes pressões e exigências em convocar uma reunião do Grande Conclave, a Ordem continuou a se desenvolver. Entre 1832 e 1857, mais de vinte e cinco acampamentos foram fundados e revividos. No Acampamento da Cruz de Cristo, os Companheiros Wiliam Tucker (já mencionado), George Augustos Vernon e William Gay Clarke (do Capítulo St. George) foram instalados como Cavaleiros Templários em 1843-5 (Clarke também recebeu os Graus superiores ali antes de suceder White como Grande Secretário da Maçonaria em 1857). O Lugar-Tenente Coronel George Augustos Vernon (1811-96) da Guarda Coldstream, foi Iniciado na Loja "Friendship" em Gibraltar (1837) e exaltado no seu Capítulo Calpean (1838). Ele foi instalado como Grão-Mestre Provincial de Stafordshire em 1853 pelo seu irmão mais velho, Henry Charles Vernon, que havia sido colocado em cargo similar em Worcestershire em 1850 por William Tucker, que então dirigia Dorset. G. A. Vernon se filiou ao Supremo Conselho em 1853 (Lugar-Tenente, Grande Comandante, 1856-60) e tornou-se Grão-Mestre Adjunto no Grande Conclave (1862-7). Henry Vernon (Primeiro Grande Vigilante em 1848), tornou-se Grande Comandante Provincial (K.T.) para Worcestershire em 1858, e seguiu o seu irmão no Supremo Conselho (1860-70).

No início de 1846, o Grande Conclave eventualmente se reuniu (pela primeira vez, em vinte anos) e elegeu o Coronel Kemeys-Tinte como Grão-Mestre, que era também dirigente Provincial da Maçonaria, nomeou os seguintes membros seniores da Maçonaria para o Grande escritório: Alston, B.B. Capbell, M.P. (Prov. G.M., Norfolk, 1854-74), Crucefix, Leeson, W. Stuart (Prov. G., Herts, 1844-73), Edward Vernon, 4º Lord Suffield (Prov. G.M., Norfolk, 1845-54), W. Tucker (Prov. G.M., Dorset, 1846-53) e talvez surpreendentemente, W.H. White (Grande Secretário) como Grande Chanceler (até 1847).

**A Formação do Supremo Conselho**

Lá pelo ano de 1846, alguns membros dos Acampamentos da Cruz de Cristo e Fé e Fidelidade, e alguns outros Cavaleiros Templários que pensavam da mesma forma, já haviam dado grandes passos, além do confinamento da "pura e Antiga Maçonaria". Em 1846, Crucefix agora como Past Primeiro Grande Vigilante da Grande Loja de Massachusetts, obteve uma Patente do Supremo

Conselho da Jurisdição Norte da América, autorizando-o a formar um Supremo Conselho na Inglaterra, uma Patente com data retrocedida de 1845. Seus primeiros membros eram Crucefix, Oliver e Henry Udall, e foram eleitos Leeson e Wilson para se filiar a eles em abril de 1846, Nash e Thomas Pryer (como solicitador) em julho, e Cox, Emly e Frederic A. Wilson (um outro advogado e membro do Cruz de Cristo) em dezembro.

Diversas razões possíveis foram adiantadas para a formação do Supremo Conselho em 1845/6, e outras esperam por pesquisas posteriores. Nós sabemos por exemplo que Crucefix era bem informado com relação ao Supremo Conselho Irlandês; ele havia por longa data lutado pelo melhor controle e desenvolvimento dos Graus extramaçônicos, ele era o paladino especificamente dos Graus Cristãos. Talvez ele tenha se tornado um desafeto da Maçonaria, e quis formar o seu próprio ramo da Maçonaria. Ele tinha medo que a França ou outro Supremo Conselho poderia autorizar um dos membros do 33º, a formar uma jurisdição similar na Inglaterra, um outro que fosse universal, e não Cristão. Oliver, apesar de ser menos ativo nos Cavaleiros Templários, do que a maioria dos seus colegas do Supremo Conselho, continuou a proclamar seus pontos de vista, de que a Maçonaria permaneceu essencialmente cristã, apesar da remoção das referências cristãs, e que os Graus Cristãos, além da Maçonaria, eram a culminação da Maçonaria.

Uma outra razão mais pragmática, é sugerida nas Atas das reuniões do Acampamento Fé e Fraternidade, em 31 de janeiro de 1846, com Henry Udall, Cox, Emly e Nash, freqüentando como membros, e William Tucker como visitante. Udall como Presidente do Conselho (o que quer dizer, como Chefe da comissão do Acampamento) relatou a sua decisão de, "porque das muitas inconveniências, as quais resultaram da prática da imposição onerosa e de deveres importantes [do conferimento dos Graus Templários, Malta, Pass Mediterraneano, Rosa-Cruz, e Ne Plus Ultra], sem a ajuda de um estafe regular de oficiais nomeados, para cada "Grau em separado", o trabalho seria dividido entre três novos corpos, sob o que dali para frente seria conhecido como "Conselho do Conclave da Fé e da Fidelidade". Secundado por Nash, o secretário do comitê, Udall então propôs que o Conclave "deveria consistir de três Graus separados": um Colégio de Cavaleiros Kadosh e Ne Plus Ultra, um Capítulo Soberano de Príncipes Rosa-Cruzes, e um Acampamento de

Cavaleiros Templários. A moção passou, e Udall foi eleito Grande Superintendente do Conclave e Presidente do Conselho (com Nash como Grande Chanceler e Arquivista, e Emly como Grande Tesoureiro), Wilson o Presidente do Colégio dos Cavaleiros, e Leeson o Soberano do Capítulo Rosa-Cruz. Separados por Regimentos Internos, taxas e datas de reuniões foram determinadas, como eles julgaram necessário para a consolidação e estabelecimento daqueles Graus respectivamente". Dali para frente não existe mais menção nas Atas do Acampamento de reuniões para conferir qualquer Grau, a não ser daqueles dos Cavaleiros Templários, Pass Mediterraneano, e de Malta. Udall e quatro outros membros logo ficaram colegas do nascente Supremo Conselho, em separado e sem a autoridade do Grande Conclave, separaram os Graus Rosa-Cruz e Ne Plus Ultra, do controle direto do Acampamento.

**A Reação da Grande Loja**

Em 3 de setembro de 1846, Nash, o primeiro Grande Secretário Geral do Supremo Conselho, escreveu para White:

> *Estou ordenado a informá-lo, como Grande Secretário da Grande Loja Unida da Inglaterra, e Escriba do Supremo Grande Capítulo dos Maçons do Arco Real, e Grande Chanceler da Ordem Maçônica dos Cavaleiros Templários da Inglaterra e Gales, que o Supremo Grande Conselho dos Soberanos Grandes Inspetores Gerais do 33º, e último Grau para a Inglaterra e Gales, foi regularmente formado, organizado e reunido no Leste de Londres, e que já está por algum tempo em operação ativa ...*

Através de anúncio feito pelo Conselho pai, o Supremo Conselho Americano de Boston no *Freemason's Monthly Magazine White* também foi informado que Crucefix era o primeiro Soberano Grande Comendador, Oliver o seu Lugar-Tenente, e que os outros cargos haviam sido preenchidos, pelos IIrm.·. H. Udall, Leeson, Wilson, Pryer e Nash. A Patente foi entregue a Crucefix, sendo que uma cópia da qual está nos arquivos do Palácio Maçônico, Londres, e que foi endereçada, *inter alia,* para "Os Maçons Livres e Aceitos, de todos os Graus Antigos e Modernos". Foram incluídos na lista os Graus do Rito "Grande Cavaleiro Eleito KH" e o "Soberano Príncipe Rosa-Cruz do H-R-D-M", e "todos os Graus supramencionados

Príncipes Ilustres" foram ordenados e "a receber e reconhecer obediência, e se submeter ao nosso mais Ilustre Irmão Thomas Crucefix, e todos o seus supramencionados Graus ..."

A Grande Loja pareceu não ter dado reconhecimento à carta de Nash, apresentando o Supremo Conselho, e este aparente silêncio sugeriu que a novidade não era bem-vinda e nem tampouco aceita. White, como Grande Chanceler dos Cavaleiros Templários, improvavelmente foi gentil com a reivindicação do Supremo Conselho, para com os Graus Kadosh e Rosa-Cruz, ou como Grande Secretário da Grande Loja de haver dado boas vindas à proeminência adicional de Crucefix e Oliver. Uma carta datada de 10 de setembro de 1853, de George Vernon (anteriormente mencionado) para White, é mais reveladora. Vernon, recém-nomeado Grão-Mestre Provincial de Staffordshire, mas impedido de ser instalado até que White enviasse-lhe a Patente, sentiu que os dirigentes da Maçonaria estavam desconfiados da sua recente eleição para o Supremo Conselho, e escreveu:

> *Eu sinto muito, em não ter tido o prazer de encontrá-lo na Grande Loja na última sexta-feira, quando eu poderia lhe ter dado de viva voz as respostas para as questões que você me propôs da parte do MW Grão-Mestre, em sua carta da 9ª inst. você observa: "Afirma-se que você é membro do Conselho, que é chamado de 33º Grau, e que os membros daquele Conselho insistem [?], que eles têm como tal, o direito de estabelecer Lojas, e Iniciar Maçons, sem autorização prévia, e mais, que eles possuem não somente o direito, mas espera-se como fato de direito, de usar suas Jóias distintivas, em todas as reuniões maçônicas. Você afirma ainda que "se estas afirmativas estiverem corretas, elas estão em completo desacordo com as leis da Grande Loja" – no que eu concordo perfeitamente com você, e você adiciona mais "que o Grão-Mestre está disposto a pensar, que deve existir algum erro nelas". Eu tenho a satisfação em confirmar a opinião de sua Excelência, como foi expressada na última sentença, e a minha resposta aos dois* ***enunciados*** *demonstrarão claramente que os Graus superiores de maneira alguma interferem ou vão de encontro às Leis e Regulamentos da Grande Loja. Eu sou um membro do Conselho do Grau 33, mas eu nunca ouvi a*

*afirmação de que ele tem o direito de Iniciar Maçons sem a devida autorização. A idéia me parece próspera. Nós admitimos como Candidatos, para os quais chamamos de Graus superiores,* ***aqueles somente*** *os quais foram Iniciados, Candidatos passados e elevados, em Lojas regulares e garantidas ... Eu próprio nunca usei,* ***nem permitirei usar****, decorações, exceto aquelas permitidas pelo Livro da Constituição, sob o título Paramentos, página 115 – ordens conferidas por Sua Majestade excetuando-se ... Eu nunca tomei qualquer Grau, e nunca continuarei a pertencer a qualquer corpo maçônico, os quais tentam invalidar ou disputar Autoridade com o Most Worshipfull Grão-Mestre, acima da Maçonaria e dos Graus RA da Maçonaria. O fato verdadeiro em aceitar das mãos do MWG Mestre a grande honra, no qual ele foi bastante bom, em propor conferir-me, deveria ser visto como prova, e garantia suficiente da minha lealdade e submissão a ele, e todos os pontos conectados com a Grande Loja, sobre os quais ele dirige; eu não posso sentir algum espanto, que o caráter que o meu Irmão, o RWPGd Mestre de Worcestershire possui, e merece como Obreiro, zeloso, e estritamente consciencioso, não seria garantia suficiente de que qualquer Irmão, o qual ele deixaria saber do MWG Mestre, como distinção importante, que poderia manter e suportar de todas as formas o seu poder e autoridade do nosso Grão-Mestre, e a integridade e a pureza dos Graus Simbólicos da Maçonaria.*

Esta réplica obteve sucesso, e a fuga de Vernon pode ter causado com certeza a demissão de um dirigente Provincial, e companheiro do Supremo Conselho.

## A Revisão da Demissão de Tucker

O R. W. Irm.·. Wiliam Tucker foi demitido como Grão-Mestre Provincial e de Grande Superintendente do Arco Real de Dorset, em novembro de 1853, por causa da desobediência da Constituição da Maçonaria em dois pontos. De acordo com o relato da reunião anual da Província de Dorset, em 3 de agosto de 1853, publicado na edição de setembro de 1853 do *The Freemasons' Quartely Review*, ele não somente usou os mantos completos de Soberano Grande Inspetor Geral do Grau 33, mas também deu grande ênfase aos "altos Graus", como demonstra um extrato do seu Discurso:

> *Deve-se lamentar seriamente que, na ocasião da União de 1813, os Artigos da União, declarou que a Maçonaria pura e antiga consiste Três Graus, e não mais ... Isto em lato senso nos corta da Maçonaria Continental, e deve ser dito o mesmo também da Maçonaria Escocesa e Irlandesa; porque apesar de existir a permissão [nos Artigos] para se trabalhar nas Altas Ordens, ainda ela não existe, como na Irlanda, Escócia, França, Prússia, e na América, incorporadas e fazendo parte e porção da Ordem ... Para todos os jovens Maçons ... Eu com firmeza e em curso mais avançado. Eu recomendo a eles a participares dos Altos Graus, porque no Continente, na Escócia e na Irlanda, eles encontrarão o maior respeito que é dado a estes Graus, do que a qualquer outro; Eu obtive sucesso no estabelecimento de um Capítulo Rosa-Cruz em Weymouth. Muitos dos meus amigos Maçons pertencem a ele, e Eu espero ver ele crescer de ano a ano, mais e mais ... O Grau Rosa-Cruz, e outros de Grau maior, são Maçonaria pura, como eu me esforçarei para mostrar a vocês [aqui segue uma história do Rito Antigo e Aceito] ... Durante este período a Franco-Maçonaria floresceu em todos os seus ramos no Continente e na América e ... foi restabelecida neste país em outubro de 1845 [com a fundação do Supremo Conselho] ... Nós, do Supremo Grande Conselho dos Soberanos Inspetores Gerais do Grau 33, trabalhamos lenta e silenciosamente, mas com muita certeza. Nós defendemos de todas as maneiras o Grão-Mestre e a Grande Loja da Inglaterra ... Nós solenemente renunciamos a menor interferência com qualquer dos Graus, que estão sob o controle da Grande Loja, Capítulos, ou conclaves dos Cavaleiros Templários; nós simplesmente encampamos a Maçonaria aonde ela foi deixada cair na Inglaterra ...*

A maneira como Tucker foi demitido, foi a seguinte: Zetland leu a reportagem no periódico, e referindo-se ao uso dos robes do Grau 33, ele escreveu ao seu Grande Secretário, em outubro de 1853:

*Esta parece ser uma violação direta da Lei. E eu gostaria de ter a sua opinião antes de proceder. Eu estou inclinado a pensar que esta é a mais séria das ofensas, e estou em dúvida se uma pena pequena de suspensão pode ser suficiente para ela.*

White respondeu que ele ficou atônito pela reportagem, mas que estava mais preocupado com o discurso de Tucker, do que com a sua vestimenta:

*Ele afirma que o Conselho do Sub [sic] Inspetor Geral do Grau 33 "trabalha lenta e silenciosamente", mas certamente eu estou temeroso que exista algum perigo com o seu modo furtivo de agir, e ele deverá requerer e ser cuidadosamente observado.*

Tucker não negou as suas responsabilidades, mas defendeu-se dizendo que, se ele tivesse de alguma forma ofendido, ele prometeu não misturar nenhuma coisa contra a Maçonaria e o Arco Real. Esta resposta não provou satisfatória. White consultou Dobie e Alston, respectivamente o Grande Arquivista e o Presidente da Comissão de Propósitos Gerais. A carta de Alston para White, datada de 30 de outubro de 1853, é notável:

*O zelo e atividade de [Tucker] somente rendem a ele mais riscos e perigos. Eu tenho de longa data previsto que uma disputa sobre as pretensões do Grau 33 era inevitável. E seria muito melhor lutar a batalha agora, do que adiar mais, se estiverem mais seguros. Eu me sinto bem mais seguro de que muitos, se não a maioria daqueles que se juntam a eles, o fazem em perfeita ignorância dos objetivos, os quais, no sentido maçônico, existem contra eles. E não é fácil imaginar uma oportunidade mais favorável, para esclarecer aos Irmãos que a punição de um Irmão, que está mais próximo de ocupar uma posição, da mais alta classe maçônica, e cujos serviços à Maçonaria são admitidos, quando ele permite o seu amor por aqueles altos Graus, para induzir à desobediência a Constituição. Eu não posso ver, como o Grão-Mestre pode deixar no cargo um Irmão que admite que violou deliberadamente o seu juramento feito em sua admissão àquele cargo ... uma renúncia forçada não será tão salutar em efeito como uma remoção formal, e não seria anunciada, com tão bom efeito na Grande Loja ... Nós devemos em todos os casos de necessidade, sacrificar um indivíduo para a Ordem ... Eu não tenho nenhuma dúvida, eu realmente espero que a punição do Irmão Tucker, de qualquer modo que ela possa ser aplicada, provocará uma ebulição de indignação entre os Augustos Soberanos. E então eu penso que existirá pouca dificuldade em colocar um freio neles, pelo menos no nosso tempo ... Sendo breve, eu sinto muito por Tucker, mas eu penso que o evento [é] a melhor coisa que aconteceu na Maçonaria, desde há longo tempo. Nós temos sido obrigados a cortar um crescimento perigoso, sem nenhuma maneira de nos guardarmos contra ele ou suprimi-lo – agora o fogo está aceso, será fácil apagá-lo ... Eu acredito que a promessa de lealdade de Tucker, vai até onde estão as suas próprias intenções – mas a um certo ponto, é tido ser calcado com boas intenções – mas eu não dou crédito igual a esta promessa, mesmo a todos os seus Soberanos Irmãos...*

Zetland então aprovou a carta de demissão, que foi enviada para Tucker em 1º de novembro de 1853.

Tamanho foi o suporte para Tucker, que mesmo alguns atreveram-se a criticar a Grande Loja, pela ação disciplinar tomada contra ele. Mas o pequeno e agudo choque que foi enviado, foi realmente feito a tempo, e um aviso apropriado para aquelas tentativas de "misturar suas vestimentas maçônicas e insígnias, de qualquer ordem desconectada com a Maçonaria Simbólica", ou promover qualquer tipo de ordem como sendo superior à Maçonaria. Ao demitir Tucker, o Grão-Mestre atirou um aviso contundente através da fronte de um grupo de membros Seniores da Maçonaria, a quem ele e seus oficiais viram como sendo uma séria ameaça as suas autoridades.

Não obstante a nomeação de Tucker como Grande Secretário Geral do Supremo Conselho, quase que imediatamente a demissão do seu cargo Provincial, não poderia ter ajudado a sua comunicação com a Grande Loja, outras mudanças de pessoal sim. Crucefix morreu em 1850, e Oliver ficou acima de Leeson como Soberano Grande Comandante, no ano seguinte. Alston aposentou-se da Presidência da Comissão de Propósitos Gerais em 1853, Dobie como Grande Arquivista (desde 1846) e Presidente da Comissão de Propósitos Gerais (de 1854 a 1856), e White como Grande Secretário no mesmo ano. Sob a direção dos seus sucessores, as relações entre a Grande Loja e os Graus extramaçônicos e Ordens, começaram a melhorar, mas não antes de nascer outro corpo soberano na Inglaterra.

### A Grande Loja dos Mestres Maçons da Marca da Inglaterra e Gales

Em 1851, foi formada a Loja "London Bon Accord" de Mestres da Marca em Londres, com a garantia fornecida pelo Bon Accord Royal Arch Chapter Nº 70 (SC) de Alberdeen, e portanto em aliança com o Supremo Grande Capítulo da Escócia. Os seis membros da Maçonaria Inglesa, que foram os seus fundadores, incluíam um Grande Steward de 1850-1, William Evans, três membros do Royal York Chapter Nº 7, e três membros do Capítulo Fidelidade. Na sua consagração, em 19 de setembro de 1851, seis Irmãos foram promovidos, incluindo Michael Costa (Grande Organista da Maçonaria e do Arco Real, 1851-3), o seu Irmão Raphael Costa, que da mesma forma que ele havia sido justamente instalado na Cruz de Cristo) e John Newton Tomkins (ou Tomkyns), F.R.C.S. (Primeiro Grande Experto no Grande Conclave, 1851-2), Lord Leigh (Grão-Mestre Provincial, Warwickshire 1852-1905) foi promovido em uma reunião de emergência em 9 de julho de 1853 e, em menos de dois anos, foi eleito Mestre. Os membros da Loja dizem que alcançou o número de 120 em 1855, e o seu sucesso em ter revivido o interesse no Grau na Inglaterra. As pressões para se ter o Grau da Marca reconhecido pela Grande Loja Unida, ou trazer sob controle de um corpo soberano inglês aumentou quando, em 1855, o Grande Capítulo Escocês condenou os membros da London Bon Accord Mark Lodge, como praticantes da Maçonaria irregular, ilegal, espúria. Um comitê do Grande Capítulo se dirigiu a Lord Zetland:

> *As circunstâncias ocorreram, mais imediatamente, entre as Lojas no Canadá e Nova Escócia, algumas delas com autorização da Grande Loja da Irlanda e da Escócia, em referência ao que são denominados Graus de Maçons da Marca, Graus estes que são muito praticados na América, em cujas circunstâncias levou a um sentimento desconfortável entre as partes, a Comissão de Propósitos Gerais da Grande Loja julgou prudente nomear um pequeno Comitê para considerar o assunto, em conjunção*

> *com um comitê do Grande Capítulo ... tendo em vista um meio de comunicação com o M.W. Grão-Mestre, as suas opiniões, se o dito Grau de Maçons da Marca pode ser julgado parte da Antiga Maçonaria Livre.*

Os dois comitês em conjunto dirigidos por Dobie (Presidente da Comissão) deu a resposta à comissão, em 22 de janeiro de 1856, contendo as suas opiniões:

> *... o assim chamado Grau de Maçons da Marca, não forma uma porção do Grau do Arco Real; e que ele não é essencial para a Maçonaria Simbólica, mas que na opinião deles não existe nenhuma objeção a tal Grau, nem tampouco alguma coisa que milita contra a Universalidade da Maçonaria; e que ele poderia ser considerado formar uma adição graciosa ao Grau de Companheiro Maçom.*

Zetland aprovou a reportagem. Em 5 de março de 1856, a Comissão se dirigiu à Grande Loja, dizendo que o Grau não era um desvio dos Antigos Landmarks da Ordem, e a Grande Loja passou à proposição que "o Grau dos Maçons da Marca não está em desacordo com a Maçonaria Simbólica, e que portanto poderia ser adicionado a ela, sobre seus regulamentos próprios". Apesar da Comissão ter escrito os Regulamentos em maio de 1856, alguns Maçons influentes já estavam tendo segundos pensamentos. Talvez alguns temendo que se as propostas da Comissão fossem implementadas, o Grau da Marca perderia a sua identidade. Outros, como J. Henderson (Past Presidente e Grande Arquivista), viram o reconhecimento do Grau da Marca, como contrário aos Artigos da União. Quaisquer que fossem as razões, a moção de Henderson, de que parte das atas de 5 de março de 1856, relativas ao Grau da Marca, não deveriam ser aprovadas, e que foi feito pela grande maioria, quando a Grande Loja reuniu-se em 4 de junho de 1856. Enquanto isso a London Bon Accord Lodge tendo que tomar a iniciativa, em 21 de maio de 1856, fundou a Grande Loja da Marca na Inglaterra, e convidou Lord Leigh para ser o primeiro Grão-Mestre. O Grande Capítulo Escocês ... em 18 de junho autorizou uma outra Loja da Marca em Londres, assim os Irmãos da "Bon Accord" tiveram que agir rapidamente.

Respondendo a uma convocação datada de 14 de junho de 1856, os oficiais da Loja reuniram-se em 23 de junho, e fundaram a Grande Loja de Mestres da Marca [sic] e instalaram Lord Leigh como primeiro Grão-Mestre. Os nomes dos outros membros da "Bon

Accord", que foram nomeados para o Grande escritório ou para a Comissão Geral da Marca, daquele tempo, mostraram interesse nestes Graus extramaçônicos (Craft, Maçônicos) dentre os membros Seniores da Maçonaria (Craft): Lord Methuem 1818-91, Grão-Mestre Provincial de Wiltshire; Coronel Henry Bowyer, Richard J. Spiers e o Revdo. George Raymond Portal (o dirigente, seu Adjunto e um Past Sênior Grande Vigilante respectivamente da Província de Oxon); Samuel Rawson (Grão-Mestre Provincial da China, 1847-58, e um membro da Cruz de Cristo); Benjamim A. Kent (Grão-Mestre Provincial para o Sul da Austrália, 1854-60), que havia sido admitido na Cruz de Cristo, uns poucos dias antes por Emly; John Hervey (Primeiro Grande Diácono em 1854, para ser Grande Secretário da Maçonaria); e outros, incluindo William Bramston Beach (que será mencionado novamente). Algumas das figuras-chave do renascimento do Grau da Marca, eram também membros da recém-revivida Loja "London Craft", que era para se tornar muito influente.

**A Loja "Westminster e Keystone"**

Esta Loja reunia-se no Palácio Maçônico, Londres, e diversos dos seus membros (Udalls, Cox e Nash) foram de expressão na renascença do Grande Conclave, e na formação do Grande Conselho. Lá pelo final do ano de 1854, os únicos membros da Loja eram dois membros do Supremo Conselho (H. Udall e Cox) e um Past Grande Diácono, J. Udaal; todos os três eram Past Grandes Comissários, e membros do Fé e Fidelidade. Godding afirma que a Loja havia falhado em fazer a transição que foi iniciada em 1836, a partir de "uma Loja firme e soberana de comerciantes de Westminster", para uma Loja "mais brilhante e uma reunião colorida de homens profissionais". Godding continua:

> *Aconteceu que nesta ocasião, certos Irmãos da Província de Oxfordshire estavam propondo fundar uma Loja em Londres em benefício de alguns de seus membros, que viriam residir na Metrópole ... As suas propostas naturalmente vieram primeiramente diante do Grande Secretário, e ele, tendo os negócios da "Westminster e Keystone" em suas mãos naquele momento, comunicou o assunto como o nosso Irmão [J] Udall ...*

Os termos da conversação foram amigavelmente concordantes, e na reunião da Loja, em 16 de fevereiro de 1855, os Uddalls e

Cox elegeram quatorze membros de Maçons de Oxford como membros filiados, incluindo o Revdo. George Raymond Portal (Past Master, da Loja "Apollo University", William Wither Bramston Beach (Mestre da Loja "Apollo" e um Past Vigilante Provincial), o Conde de Lincoln (Grande Secretário Provincial), o Hon. William Warrem Vernon ("Apollo") e Henry Bowyer ("Apollo", Grão-Mestre Provincial).

Portal havia sido eleito para o Fé e Fidelidade em 1849; posteriormente ele se tornaria Grão-Mestre da Marca (1869-72) e Presidente da sua Comissão Geral (1866-9, 1872-89). O Rt. Hon. W.W. Bramston Beach, M.P., sucedeu Portal como Grão-Mestre da Marca (1866-8). Lord Lincoln (naquela época o 5º Duque de Newcastle) tornou-se o dirigente Provincial de Nottinghamshire (1865-79) tanto na Maçonaria como na Ordem do Templo. Vernon era também membro do Parlamento, era contudo um outro membro renovado da família Vernon/Harcourt/Bowyer. Henry Bowyer foi eleito para o Supremo Conselho, e nomeado encarregado da Província dos Cavaleiros Templários.

Os membros da Loja aumentaram de três para trinta e sete durante o ano, e para setenta no final do ano de 1856, "com um aumento de expansão proporcional durante diversos anos seguintes ... a qualidade dos seus membros era notável na sua quantidade". Muitas vezes a maioria dos seus membros presentes era de Grandes Oficiais, e a Loja constantemente tinha que decidir "quanto ao dia das reuniões que tinha que ser alterado para ir ao encontro da conveniência dos Irmãos que eram membros da Casa dos Comuns".

## Resumo e Prognóstico

Assim, lá pelos anos de 1857, os Cavaleiros Templários haviam ressuscitado, e o Supremo Conselho e a Grande Loja de Mestres da Marca estabelecidos. Apesar da Grande Loja ter removido qualquer menção da Ordem da Cavalaria do *Livro da Constituição* desde 1853 (o ano da demissão de Tucker), ela confirmou a sua determinação em não aceitar como "Maçonaria pura e Aceita", qualquer coisa além dos três Graus Simbólicos e do Arco Real, os Graus extramaçônicos, estava atraindo cada vez mais os Maçons. As razões já sugeridas para a popularidade dos "Graus", deve ser agora adicionada à disposição geral para a insubordinação e insatisfação com a

Grande Loja, durante a gestão de White como Grande Secretário, e o crescimento de confiança própria das classes, que estavam gradualmente erodindo o poder da aristocracia, e que era especialmente impaciente com qualquer tipo de incompetência dos seus dirigentes. Os próximos quinze ou vinte anos, veriam a transformação da Maçonaria e dos Graus extramaçônicos e das suas relações. Alguns dos participantes e unidades responsáveis pela mudança dramática já estavam em seus lugares em 1856, mas alguns, talvez os mais importantes, estavam ainda esperando a oportunidade.

## DE 1856 A 1874

Para a Maçonaria Inglesa em geral a Iniciação mais importante durante este período crucial de dezoito anos, foi sem dúvida alguma a do H.R.H Albert Edwar, Príncipe de Gales. Para o entendimento do contexto daquele evento, nós precisamos primeiramente considerar algumas outras grandes luzes daquele tempo, especialmente a de Lord Carnarvon, Skelmersdale, Valletor e Limerick, e outros ministros e oficiais da Família Real.

### Henry Howard Molyneux Herbert, 4º Conde de Carnarvon

Em 5 de fevereiro de 1856, Lord Carnarvon foi Iniciado na Loja "Westminster e Keystone". Dos seis Candidatos que foram Iniciados naquele ano, três tornaram-se Grão-Mestres Adjuntos: Carnarvon (1870-4); Lord Valletort, posteriormente Conde de Mount Edgcumbe (1891-6) e seu sucessor Conde Amherst (1896-9). Carnarvon prosseguiu e tornou-se Pró-Grão-Mestre, abaixo do Príncipe de Gales. Carnarvon e Portal (anteriormente mencionado) eram amigos, e sabe-se que Portal foi o responsável pela introdução de Carnarvon na Franco-Maçonaria em 1856. Dois anos antes, com a idade de 22 anos, Carnarvon havia sido convidado pelo Lord Alberdeen para mudar o seu Discurso na Casa dos Lords, em resposta à Fala da Rainha. Apesar de que este era para ser o discurso de estréia de Carnarvon, ele não aceitou o convite, até que recebeu ampla segurança de que ele tinha liberdade para se opor, a qualquer um dos detalhes do Programa da Reforma. Ele então falou do "The Greater Britain" ... cuja fundação em uma confederação mundial, posteriormente tornou-se a sua missão especial para promover a reforma. Esta independência e grandeza de pensamento colocou-o em boa posição quando, durante somente seu primeiro ano na Loja (já como Primeiro Vigilante), ele freqüentou a Grande Loja, no mínimo três ocasiões, e com Portal mudou os pontos de vista daqueles que eram contrários à Plataforma e sobre os assuntos como, por exemplo, o direito dos Maçons das colônias de terem voz na eleição dos Grão-Mestres. Carnarvon logo tornou-se um dos líderes da facção em favor de dar independência para as Lojas Inglesas no Canadá e da reforma da administração da Grande Loja. Ele se filiou à Loja "Apollo University" em janeiro de 1857. A sua agitação pelas reformas entretanto não dissuadiu os dirigentes da Maçonaria de comparecer a sua instalação como Mestre da Loja "Westminster e Keystone" em maio daquele ano. Raramente se viu uma galáxia de estrelas maçônicas reunidas para esta finalidade em somente uma Loja. Com o Grão-Mestre e seu Adjunto, Lord Panmure (Secretário de Estado para a Guerra), Carnarvon já havia cruzado Espadas na Grande Loja, estando presentes doze Grão-Mestres Provinciais (incluindo Cabbel, Dobie, Bowyer e Kent). Dentre outros Grandes Oficiais estavam William Gray Clarke, o novo Grande Secretário, o seu Predecessor W.H. White, e seu eventual sucessor, John Hervey. Enquanto ainda na sua primeira Cadeira da Maçonaria, Carnarvon tornou-se o segundo Grão-Mestre Adjunto da Marca (1857-60) e então substituiu Leigh como seu segundo Grão-Mestre (1860-3). Em 1858 ele se filiou à Comissão de Propósitos Gerais da Maçonaria e, a partir daquele momento e até a sua morte em 1890, ele trabalhou ininterruptamente em benefício da Maçonaria em geral, e para a melhoria das relações externas da Maçonaria em particular.

O trabalho de Carnarvon, o qual ele denominou o reino maçônico espelhado, complementou as contribuições consideráveis para com a nação e para com o Império, como Secretário Colonial e Lord Lugar Tenente da Irlanda. Em 1871, com a idade de 40 anos, ele foi Past Grão-Mestre da Marca, e membro do Supremo Conselho, e Past Grande Seneschal dos Cavaleiros do Templo, Segundo Grande Principal do Arco Real e Grão-Mestre Adjunto da Maçonaria. A sua combinação única de dotes pessoais, cargos públicos, e qualidades maçônicas fizeram dele uma das mais importantes figuras no desenvolvimento da Maçonaria na segunda metade do século dezenove. Mas antes de olharmos a sua contribuição para com a Maçonaria, em termos deste trabalho, uns poucos participantes-chave necessitam ser identificados.

**Lord Skelmersdale (1837-98), 1º Conde de Lathon**

Lord Skelmersdale foi Iniciado na Loja "Apollo University", em 1856, da mesma forma que Carnarvon era graduado na Christ Church e filiou-se na Loja "Westminster e Keystone" no ano seguinte (Secretário 1858, Segundo Vigilante 1859). Tornou-se Primeiro Grande Vigilante em 1863, Grande Seneschal na Ordem do Templo (1866), dirigente da Maçonaria e do Arco Real em West Lancashire (de1872 e 1873 respectivamente, até 1898), Grão-Mestre Adjunto da Maçonaria (1874-91) e da Marca (1876-8), e membro do Supremo Conselho (1876) e seu Soberano Grande Comandante de 1877 até a sua morte em 1898, Grão-Mestre da Marca (1878-81) e Pró-Grão-Mestre e Pró 1º Grande Principal (1891-8). Lor-in-Waiting (1866-80), Conservative Chief Whip na Casa dos Lords de 1870 a 1885, e Capitão Yeoman da Guarda (1874-80), ele foi Queen Victoria's "courtly e resourceful" Lord Chamberlain de 1885 a 1892, e amigo íntimo do Príncipe de Gales. Na Casa da Família Real, e no governo Conservador do período, Skelmersdale teve outros Maçons seniores seus colegas, particularmente o Lord Mount Edhcumbe e Lamerick.

**Visconde Valletort (1832-1917), 4º Conde de Mount Edgcumbe**

Lord Valletort, graduado de Oxford em 1855, foi Iniciado em "Westminster e Keystone" em dezembro de 1856, e tornou-se secretário em 1857. Um dos primeiros amigos do Príncipe de Gales, e tornou-se um dos seus primeiros oficiais da corte real em 1858, e como Lord Mount Edgcumbe, Lord do Bedchamber da Família Real (1863), Conselheiro Particular, Lord Chamberlain (1879-80) e então Lord Steward (1885-92). Foi Grão-Mestre Provincial para Cornwall (1872-1917), também serviu como Grão-Mestre Adjunto e 2º Grande Principal (1891-5).

**Visconde Glentworth (1840-96), 3º Conde de Limerick (1866)**

Lord Glentworth foi Iniciado em Malta na Loja "St. Patrick e St. John" (IC) em 1861 e Exaltado no Capítulo do Arco Real Leinster nº 387 (IC) no mesmo ano. Ele se filiou à Loja "Henry Vernon Royal Sussex of Hospitality" em 1863, e tornou-se Grão-Mestre da Província Inglesa Maçônica de Bristol (1866-88), Grande Prior da Ordem do Templo em 1867 (Eminente comandante do Acampamento Fé e Fidelidade em 1870), Grão-Mestre Adjunto e Grão-Mestre da Marca em 1872-5 e 1875-8 respectivamente, Grau 33 do Supremo

Conselho Inglês e seu membro de 1883-96, e Grande Escriba Neemias em 1885. Na Casa Real ele serviu também com Lord Lathom (o primeiro Lord Skelmersdale) como Lor-in Waiting (1886-9) e Capitão Ioman da Guarda (1889-92 e 1895-6).

## Maçons no Governo

Embora não tenha sido, até as administrações conservadoras, depois de 1874, que o número de membros da Maçonaria ocupou as primeiras posições no governo, ficou claro que pelos padrões de hoje, ou da primeira parte do século dezenove, algumas figuras poderosas, além de Carnarvon, já haviam se distinguido:

(i) Ferrel Herschell (1837-99), posteriormente 1º Barão Herschell, Ministro do Tesouro (1850-2) um Advogado em Lincon's Inn (1860), Liberal M.P. para Duhan (1874-85), solicitador Geral (1860-5) e Lord Chancelar (1886-5); Primeiro Grande Vigilante (1886).

(ii) James, 2º Marquês de Salisbury, Ministro de Gabinete em 1852 e 1858-9 (primeiro como Lord Privy Seal, e depois como Lord Presidente do Conselho); Grão-Mestre Adjunto (1840-4).

(iii) Fox, Lord Pammure, 11º Conde de Dalhoisie (1860), Secretário de Palmerstone para a Guerra (1855-8); Grão-Mestre Adjunto (1857-61).

(iv) George Frederic Samuel, Conde Grey e Ripon, 1º Marquês de Ripon (1871), Secretário para a Guerra (1863-6) e Índia (1866), e Lorde Presidente (1868-73) no governo liberal daquele tempo; Grão-Mestre Adjunto (1861-70), Grão-Mestre (1870-4).

## Albert Edward, Príncipe de Gales (Rei Eduardo IV, 1901) (1841-1910)

Ministros, cortesãos, amigos e parentes (como o Príncipe da Prússia, que freqüentou a Grande Loja em 1857) e que eram Maçons, podem ter encorajado o Príncipe de Gales a entrar na Maçonaria, apesar das aparentes objeções de sua mãe. "Eu concordo completamente", o Príncipe escreveu para a sua mãe em 25 de dezembro de 1868, "aquelas sociedades secretas como regra, devem ser desprezadas; mas eu posso lhe assegurar que esta não possui um significado político. Mais do que eu não posso dizer, e eu me senti convencido de que eu deverei ter muitas oportunidades, de fazer muito bem em minha nova capacidade".

As circunstâncias exatas, que levaram o Príncipe de Gales a ser Iniciado quatro dias antes não na Inglaterra, mas em Estocolmo, e pelo rei da Suécia, que era Grão-Mestre da Grande Loja da Suécia, ainda espera por explicação. Entretanto, nós precisamos observar que, sob o Sistema Sueco, o futuro Grão-Mestre da Maçonaria Inglesa foi Iniciado em uma Grande Loja Cristã, e imediatamente recebeu todos os dez Graus do Rito Sueco, incluindo os Graus Suecos equivalentes aos Graus Cavaleiros Templários, da Marca e os Graus 18 a 33, inclusive os do Rito Antigo e Aceito.

## Os Problemas Contínuos dos Graus Extramaçônicos

Os Cavaleiros Templários, cujo Grande Conclave incluía Grão-Mestres Distritais e Provinciais da Maçonaria, e Lord Carnarvon, estavam aborrecidos em 1862 pelas restrições impostas quanto ao uso do Palácio dos Maçons para as suas reuniões. Em 1862, o Grande secretário Clarke se dirigiu ao Grande Conclave dizendo "de uma maneira muito descortês ... que ele se recusava a reconhecer os Cavaleiros Maçônicos Templários, e ... a permitir o uso do Templo para qualquer outra finalidade do que a oferecida e ... que ele proibiu [o uso da Livraria e as salas adjacentes] para o Grande Conclave...". O Grande Conclave transferiu as suas reuniões para Bedford Square. Em uma tentativa posterior em 1869, para obter permissão da Grande Loja para usar o Templo, para uma reunião futura do Grande Conclave, para a qual o Príncipe de Gales deveria comparecer, também fracassou naquele momento, baseado no argumento de que, em abril de 1869, Lord Zetland havia dedicado as novas construções para o uso da "Maçonaria pura e Antiga". Em janeiro de 1870, a Comissão de Propósitos Gerais, todavia, decidiu que o Grande Conclave poderia se reunir dentro "das construções maçônicas", mas não no Grande Templo. Carnarvon (próximo de tornar-se Grão-Mestre Adjunto) desafiou a decisão da Comissão, mas em 1870, o Grande Conclave recebeu o Príncipe de Gales (naquele momento Past Grão-Mestre da Grande Loja), e membro honorário do Acampamento Fé e Fidelidade na Freemasons' Tavern.

Na Comunicação Quadrimestral da Grande Loja, de 7 de junho de 1871, um dia depois que o Grau da Marca, que está sob a proteção do Grão-Mestre Portalm havia assumido a proteção do

Grau Royal Arck Mariner, havia assinado uma Convenção com o Rosa-Cruz de Constantino, e um mês depois o Grau da Marca havia estabelecido um Grande Conselho de Royal and Select Masters, Sir Patrick Colquhoun (P.M., Nº 447) perguntou a Grande Loja:

> *Se a Grande Loja tinha simpatia para com o Rito de Misraim de 90º, com o Rito de Menphis e a Ordem de Roma e Constantino? Senão por que ela era conivente com a posição de um subalterno no Escritório do Grande Secretário, que era um líder nestes Graus não reconhecidos?*

Embora o Grande Secretário Hervey fosse, naquele tempo, membro dos Cavaleiros Templários, da Marca e da Rosa-Cruz de Constantino, o dedo de Colquhoun estava dirigido para o assistente de Hervey, Robert Wentworth Little, a quem a Comissão de Propósitos Gerais, posteriormente fundada, "no tempo das promessas da Maçonaria [de ter] usado a ele no [não] reconhecimento [sic] dos Graus, para aumentar a performance do todo ou de uma porção de uma cerimônia, e de ocasionalmente receber taxas deles, e dar entrevistas para membros destes Graus". Isto levou Herver, um Past Presidente da Comissão, a censurar todos aqueles que tomaram parte nos Graus espúrios. Lord Ripon, que havia sucedido Lord Zetland como Grão-Mestre, concluiu o debate da seguinte maneira:

> *Eu não tenho nenhuma dúvida que este edifício é destinado somente para os propósitos relacionados com os Graus da Maçonaria reconhecidos pela Grande Loja ... e eu me sinto no direito de dar as diretrizes para este efeito.*

Em março de 1872, a Comissão passou para a Grande Loja o seguinte:

> *que ... a Grande Loja possui o controle total ... sobre toda a Maçonaria, e que poderia sem dúvida alguma exercer este controle, se algum Membro ... [ser ou for] provado tomar parte em qualquer Grau ou Ordem, e denunciado pela Grande Loja, ou inimigo dos seus princípios ... [e] que nenhum funcionário ou oficial subordinado empregado da Grande Loja, deveria tomar parte proeminente, em qualquer Grau, ou Ordem não reconhecida pela Grande Loja.*

Um Cavaleiro Templário declarado, e membro do Rito Antigo e Aceito, C. Hutton Gregory (P.G.D.) defendeu estas Ordens com o seu conhecido ataque indireto, dizendo:

> *Ele pensou que a Grande Loja, sabendo quantos Maçons existiram, e que ocuparam altos postos na Maçonaria, não somente pelas suas posições sociais, mas pela sua distinção maçônica, e amor pela Maçonaria, não hesitariam em passar uma lei que poderia ter um reflexo sobre a Maçonaria, e que poderia causar um cisma que todos deplorariam.*

Israel Abrahams (P.M.) declarou:

> *Ele não era um Cavaleiro Templário, nunca poderia ser um deles, mas ele teve a honra de ser um Mestre da Marca e um Past Grand Steward (Comissário) daquela Ordem, e ele acreditava que seria dever deles, mesmo que eles não fossem membros daquelas Ordens, de protestar contra a condenação proposta.*

O relato da Comissão foi finalmente recebido pela Grande Loja em 1872, mas aqueles que estavam presentes foram lembrados que, votando pela sua aceitação, eles não eram obrigados a concordar com as opiniões expressadas por ela, e então o assunto permaneceu.

**A Ponte do Edifício e a Confederação**

Em 1865 Leeson (agora na cabeça do Supremo Conselho) havia escrito ao Grande Secretário Clarke:

> *Eu lamento que Lord Zetland não esteja ocupando o lugar que eu estou ... No Exterior, eles não entendem como a Grande Loja ... possa existir independentemente de um Supremo Conselho ... Eu estaria muito feliz [se] ... Eu pudesse de maneira similar associá-los quando [a Grande Loja e o Supremo Conselho] aqui e poderia somente ser muito feliz, em renunciar meu cargo em favor de Lord Zetland, se isso fosse possível.*

A idéia falhou, mas em maio de 1871, o Supremo Conselho adotou um Tratado Tripartite com os Cavaleiros Templários e a Marca (Os Comissários foram Limeric e Colquhoun pelo Grande conclave; Portal e Carnarvon pela Grande Loja da Marca; e Nathaniel Philips e John Montagu pelo Supremo Conselho). Na discussão do Tratado no Grande Conclave, Limerick comentou:

> *Existem ... muitos corpos que se autodenominam maçônicos. Se a Maçonaria e o Arco Real entrassem no Tratado, daria mais segurança para ele; mas eles foram o*

*mais longe possível, e seria recomendável limitar o número dos Graus ...*

Lord Eliot M.P. (Grande Comandante Provincial, Carnarvon, e posteriormente Conde de St. Germans) adicionou que "ele esperava que, dentre em breve, todos os corpos maçônicos neste país estariam unidos sob uma Cabeça Real". Em 1872, as negociações com a Escócia e a Irlanda alcançaram tal estágio que William Stuart, o Grão-Mestre Inglês, poderia renunciar em favor do Príncipe de Gales, e o Grande Conclave aprovou os Estatutos da Convenção Geral com a Escócia e a Irlanda, e o redigiu tendo em vista do Príncipe tornar-se a "Cabeça Suprema dos corpos confederados" e com a aprovação do Príncipe. Nesta confederação de curta existência nós poderemos talvez detectar a mão de Carnarvon, que muitas vezes promoveu a confederação nas colônias.

A parte de Carnarvon no exercício da construção de uma ponte contemporânea é clara, embora neste caso a atividade possui mais sabor do que toda construção. Em outubro de 1871, sete membros do Supremo Conselho reuniram-se como peticionários, Amigos em Loja de Conselho. A proposta foi fornecer ao Conselho e a seus amigos uma oportunidade de se reunir e discutir, não os negócios da Ordem, mas aqueles da Maçonaria, com o propósito de agir juntos, através de uma troca de pontos de vista sobre tais assuntos ... que era a função da Grande Loja compartilhar. Os peticionários solicitaram ao Grão-Mestre Adjunto, Lord Carnarvon, como primeiro Mestre da Loja, que havia sido eleito para os Graus 31, 32 e 33, e para o Supremo Conselho em fevereiro de 1871. A petição foi dirigida em primeira instância ao Mestre da Loja "Jerusalém", C. Hutton Gregory (já mencionado, e ele mesmo membro do Grau 33), que em 24 de fevereiro de 1871 havia encabeçado o festival de seu centenário na presença do Atual Grão-Mestre (Carnarvon) e de um Past Master, em sua primeira visita a uma Loja Inglesa do Príncipe de Gales, os quais haviam sido eleitos membros honorários (o Príncipe posteriormente se filiou a muitas Lojas, incluindo a "Apollo University" em 1872, e tornou-se seu Mestre em 1873). Contemporaneamente, o Supremo Conselho havia também tomado medidas para formar o Capítulo Rosa-Cruz, ligado por si mesmo ao Supremo Conselho, denominado Morning Star Nº 33.

O Capítulo Estrela da Manhã Nº 33, foi consagrado em 29 de maio, e os Amigos em Loja de Conselho em 3 de junho de 1872. A cerimônia do último foi conduzida pelo Grão-Mestre Provincial de Bristol, Lord Limerick, e os visitantes eram quase todos tão ilustres como aqueles que se haviam reunido em 1856, para a Iniciação de Carnarvon. Os detalhes desta brilhante ocasião estão registrados no *Freemasons* de 8 de junho de 1872, mas alguns nomes dos 33 membros filiados originais, estão enumerados logo aqui abaixo para demonstrar as estreitas relações que agora existiam entre os dirigentes da Maçonaria, e os Chefes dos Graus extramaçônicos (* indica Grão-Mestrados Provinciais):

*W.W. Bramston Beach, * Hampshire. Grande Comandante Provincial, K.T. Past G.M., da Marca.*

*Shadwell Clerck, Prov. Prior, K.T., Sussex (Grande Secretário, 1880-91).*

*Sir Patrick Colquhoun Grande Chanceler, K.T. 30º.*

*Sir C. Hutton Gregory, P.J.G.D. (1861).*

*Revdo. John Huyshe, *Devon. Past 3º Grande Principal, A. R. G. M. Ad., K.T.*

*Lord Leigh, *Warwickshire. Past. Grão-Mestre da Marca.*

*Conde de Limerick, *Bristol. Grande Prior, K.T. G.M. Adj. da Marca*

*Lord Skelmersdale, *West Lancashire (nov., 1872). Grande Seneschal, K.T.*

Para os seus primeiros onze anos a Loja se reuniu às terças-feiras antes de cada Comunicação Quadrimestral da Grande Loja, mas em 1883 as datas das reuniões foram mudadas para "neutralizar qualquer apreensão que pudesse surgir em relação ao verdadeiro propósito e a intenção da Loja era aquela que poderia se desenvolver para uma oligarquia dentro da Grande Loja. Da mesma forma que a Convenção Geral, a Loja "Amigos em Conselho" provou também ser uma ponte muito grande ou de muitos: em 1895, Franck Richardson (Primeiro Grande Diácono, 1892), Grande Tesoureiro Geral do Supremo Conselho, "tomou a decisão de que a Loja não serviria para o propósito, pela qual ela originariamente havia sido fundada, e não poderia e nem deveria". O seu ponto de vista prevaleceu e as ligações com o Supremo Grande Conselho terminaram.

Apesar das ambições exageradas, o plano de confederar os principais corpos maçônicos ingleses, sob o mando ou na pessoa do Príncipe, trouxe frutos. Em 1874, Carnarvon Instalou o Príncipe, que já era Grão-Mestre dos Cavaleiros Templários, como Grão-Mestre da Maçonaria, sendo ele próprio nomeado Pró-Grão-Mestre, e foi sucedido como Grão-Mestre Adjunto por Skelmersdale. O Príncipe foi eleito o Grande Patrono do Rito Antigo e Aceito no mesmo ano, e em 1886 tornou-se Grão-Mestre da Marca. E no final do ano de 1874 a Maçonaria e estes Graus extramaçônicos haviam estabelecido em separado a sua identidade complementar, e provaram que poderiam coexistir em espírito de tolerância mútua e aceitação a necessidade de fronteiras mais próximas, e oportunidades para atritos desapareceram. Carnarvon, com o seu trabalho quase que totalmente feito, retirou-se dos Graus extramaçônicos, e devotou o resto de sua vida maçônica ao seu cargo como Pró-Grão-Mestre.

## DE 1875 A 1901

Entre 1875 e 1901, na certeza e na prosperidade da finada Inglaterra Vitoriana, muitos outros homens que ocupavam altas posições na sociedade tornaram-se membros ativos da Franco-Maçonaria. A transparência, o alto perfil das caridades maçônicas, o crescimento da irmandade, a cobertura simpática da imprensa, tanto contribuiu como melhorou o seu conceito na sociedade. A soma da fertilização cruzada, entre a Maçonaria e os Graus aceitos, se não reconhecidos extramaçônicos, é exemplificado pela irmandade do Supremo Conselho de 1896; os nove membros eram compreendidos pelo Pró-Grão-Mestre, como soberano Grande Comandante (o Conde de Lathom, no início Skelmersdale), dois Grão-Mestres Provinciais (o Conde de Euston e o Cel. Le Gendre Starki), o Presidente da Comissão de Propósitos Gerais (Richard Loveland), o Presidente da Comissão de Benevolência (James Henry Matthew), um Past Grande Capelão (Revdo. John Studholme Brownrigg) e um Past Assistente Grande Diretor de Cerimônias (Arthur Cook).

Mas o crescimento do número dos Graus extramaçônicos trouxe problemas. Ocasionalmente isto era mencionado na Grande Loja, mas essencialmente eles eram deixados a cargo para resolução das Ordens extramaçônicas, isto é, para os membros mais antigos da Maçonaria. Como o Supremo Conselho tomou controle dos Graus Rosa-Cruz, Kadosh e Ne Plus Ultra, e o Grau de Marca com Portal, este tomou conta da administração dos Graus Ark Mariners e os Royal e Select Masters, assim em 1880 e 1891 respectivamente a Marca assumiu a responsabilidade pelos Allied Masonic Degrees e o Red Cross of Constantine.

Um episódio próximo ao fim do século resume o novo clima no qual tanto a Maçonaria pura como a aceita, floresceram. Em 1887, Issacher Zacharie formou um Grande Conselho do Secret Monitor em Londres, e nomeou para a Grande Rank, *inter alia,* Shadwel H. Clerck (Grande Secretário da Maçonaria e membro do Supremo Conselho), Charles Fitzgerald Matier (Grande Secretário da Marca, 1889-1914), e Judge Frederic A. Philbrick (Grande Arquivista da Maçonaria, Grande Chanceler dos Cavaleiros Templários, 32º). No seu primeiro festival, no mesmo ano, esta Ordem introduziu trinta candidatos, incluindo o Lord (posteriormente Conde de Halsbury), o Lorde Chanceler (Primeiro Grande Vigilante, 1888), o Conde de Warwick (Grão-Mestre Adjunto, 1899-1903) e Sir Francis Burdett. Apesar deste excepcional início, a Ordem agora sob a direção de Warwick, logo teve dificuldades com os Graus Maçônicos Aliados, cujo Grão-Mestre era o Conde Euston (Grão-Mestre Provincial de Northants e Hunts, membro do Supremo Conselho e Pró-Grão-Mestre da Marca). Destacadamente, a disputa é tida como dirigida ao Pró-Grão-Mestre da Maçonaria, Lord Lhaton (que havia sido Soberano Grande Comandante do Supremo Conselho em 1877), o qual por seu turno fora nomeado Grande Arquivista da Maçonaria, John Stracham Q.C., como árbitro. A decisão de Stracham foi aceita por ambos, Euston e Warwick, em setembro de 1898.

## O CONTEXTO SOCIAL – 1843-1901

Em vez de dar um quadro completo, uns poucos fatos, figuras e citações serão oferecidas como protagonistas da cena. A população da Inglaterra e Gales aumentou de 15.9 mi em 1841 para 32.5 mi em 1901; durante este mesmo período a malha ferroviária aumentou de 2,236 para mais de 18,500 milhas. A partir do final do governo conservador de Peel em 1846, até o final da terceira administração conservadora de Salisbury em 1902, existiram quatorze mudanças de governo. A insurreição italiana e a Revolução Francesa de 1848, não foram copiadas na Inglaterra, nem tampouco foi a Guerra Civil Americana (1860-5). A Bretanha entretanto lutou na Guerra da Criméia (1854-6), na China (1856-60) e no sul da África, e enfrentou o Motim Indiano em 1857-8. Charles Darwin não atreveu-se a publicar a sua teoria da transmutação em

1844, no caso de dar "conforto para os radicais" franceses ateístas, e outros que ele desaprovava. Em 1848, a Rainha Vitória teve que abandonar o seu palácio, tendo em vista a demonstração ameaçadora feita por 150.000 Chartists (grevistas); 85.000 policiais especiais foram juramentados, foram mobilizados 7.000 reservistas, e os edifícios públicos foram protegidos. Todavia, em 1851, simplesmente a tempestade havia passado sobre as Ilhas Britânicas, e em 1859, Darwin pôde publicar a sua *Origem das Espécies* sem danos para o meio do qual ele fazia parte. Na França a monarquia caiu em 1870; na Inglaterra, dois anos depois, 13.000 pessoas compareceram ao serviço de ação de graças na Catedral St. Paul's, pela recuperação do Príncipe de Gales de uma febre tifóide.

> *Depois de um longo período de agitação e levantes, a idade média Vitoriana apresentou um espetáculo raro – um estado de equilíbrio ... alcançado em face dos rápidos movimentos de um país em completo crescimento. Um fato é óbvio, que a estabilidade da sociedade, e o poder da sua estrutura, um sistema assegurado pela sanção em que todos estavam de acordo tanto pela hierarquia de classes e como pelo sistema de governo ... A perpetuação de uma sociedade liberal sem igualdade, tornou-se o objetivo que foi dividido por todos ... O século dezenove na Inglaterra é totalmente incompreensível, se não se levar em consideração o poder da Bíblia, e a sua constante presença no coração dos homens ... A Liga Dominical Nacional organizava excursões por estrada de ferro a baixo custo, e, em 1896, uma lei autorizou a abertura dos Museus aos domingos ... A Inglaterra estava tornando-se secularizada...*

## QUESTÕES

Por que os Graus extramaçônicos e Ordens se desenvolveram tão fortemente na segunda metade do século dezenove? Estavam os Maçons, a quem eles foram atraídos, procurando por alguma coisa mais esotérica ou romântica, ou menos oligárquica, monolítica, ou onerosa do que a Maçonaria antiga e purificada? Tornam-se necessárias maiores pesquisas, antes de fornecer respostas satisfatórias para estas importantes perguntas, mas eu espero que este trabalho começou a responder aquelas que eu coloquei na sua abertura.

# CONCLUSÕES

Entre 1856 e 1875, um pequeno grupo poderoso, entusiasta, cheio de juventude e – na sua maioria – composto de Maçons aristocráticos, tomou conta da Grande Loja, e retirou-a do torpor em que ela estava durante a sua consolidação sob o mando de Sussex, Zetland, White, Dobie e Alston. Carnarvon, Skelmersdale, Portal, Limerick e um punhado de outros, geralmente originários de Oxford e membros das Lojas "Apollo University" e "Westminster e Keystone", também tomaram controle da maioria dos Graus extramaçônicos, no tempo do seu renascimento ou desenvolvimento que estruturou uma relação entre eles e a Maçonaria, formando uma confederação libertária, baseada nos princípios complementares da tolerância e da regularidade. Com isto eles estavam respondendo as pressões de Crucefix, Oliver, Leeson e outros que haviam articulado durante os vinte anos anteriores, e que desejavam a "Maçonaria como um todo" que havia pensado manter as tradições pré-União, enquanto permaneciam fiéis à Maçonaria. A tenacidade de uns poucos Acampamentos dos Cavaleiros Templários, o crescimento das viagens internacionais, e a determinação de uns poucos indivíduos em difundir a inteligência maçônica, assegurou a boa vontade, em admitir e gozar a Franco-Maçonaria como um todo, como havia sido transmitida para uma geração, que teve o poder e a habilidade, assim para desenvolver a inter-relação das diversas partes, para que o sistema que eles estabeleceram continuasse a florescer até hoje em dia.

# O Poder da Persuasão

*PELO IRM∴ DOUGLAS VILER*
*(13 de maio de 1993)*

O Irm∴ BERNARD JONES, em seu *Freemasons' Guide and Compendium* (capítulo 12) escreve:

1. A história da Franco-Maçonaria no século dezoito é desfigurada por uma longa e violenta disputa, e no decorrer da qual uma Grande Loja rival, conhecida em estágio de Comitê em 1739, tornou-se oficial em 1751.
2. ... a Grande Loja decidiu, por volta de 1730, tomar um passo muito sério. Este era nada mais nada menos do que a transposição ou inversão dos modos de reconhecimento do primeiro e do segundo Grau ... destinado a agir ... e impedir a admissão em suas Lojas, de qualquer Maçom ... que não estivesse sabendo da mudança... Grande Loja ... era culpada de ... um profundo erro de julgamento... A alteração foi considerada ... uma agravante de uma interferência totalmente imprópria de um landmark, cujo conteúdo vinha de tempos imemoriais.
3. Os "Modernos", eram acusados de terem ... mudado os modos de reconhecimento no primeiro e no segundo Graus. [Os Antigos] consideravam isto como uma completa

inovação, uma inovação de um landmark, alguma coisa bastante impossível de ser aceita.

Esta acusação foi seguida por outras dez acusações contra os Modernos.

Alguém não gostaria de denegrir o trabalho de um de nossos maiores professores, mas o fato é que o livro do Irm.·. B. Jones, permanece como sendo um vade-mecum para os Maçons e os seus leitores, os quais necessitam ser alertados para a afirmativa na qual (neste caso, parcialmente como resultado de pesquisas posteriores) pode ser demonstrada, ser seriamente incorreta e enganosa.

Eu preciso afirmar, desde o início, que eu aceito, que esta bem conhecida diferença entre os Modernos e os Antigos, sobre as palavras do primeiro e segundo Graus, quase que resultou de uma ação deliberada dentro ou pela Grande Loja, colocada em prática pela maioria de suas Lojas. Entretanto, eu não acredito – como eu espero que este trabalho demonstrará – que a ação aconteceu antes de 1740, ou que foi a reversão de uma prática equivalente bem estabelecida que interferia com um landmark.

Antes de fornecer o ponto principal, é apropriado fazer outros comentários sobre os aspectos das citações.

(i) Até aonde, e como foi, "uma longa e violenta disputa", entre as duas Grandes Lojas, ela realmente não começou até que Laurence Dermott e William Preston deram-se as mãos nos anos 1770. Antes deles, e apesar do criticismo aos Modernos na segunda edição de *Ahiman Rezon* (1764), as duas Grandes Lojas mais ou menos ignoravam as suas próprias existências.

(ii) Não é mais aceito que a Grande Loja dos Antigos era "conhecida em estágio de comitê a partir de 1739". (Veja, *inter alia,* a Instrução Prestoniana do Irm.·. Batham, 1981.)

(iii) As onze acusações "contra os Modernos" lembradas pelo Irm.·. Jones, na prática do Ritual provavelmente nasceram de uma lista de mudanças durante e depois de 1730, que apareceram no trabalho do Irm.·. Heron Lepper, "The Traditioners" (AQC 56, p. 140). Uma análise das duas listas indica que poucos itens são criticismos sustentáveis das mudanças do Ritual *introduzidas* pelos Modernos. E um ponto que deve ser destacado, é que enquanto

Laurence Dermott (em *Ahiman Rezon*) ridicularizou as práticas que ele atribuiu aos Modernos – incluindo uma referência às palavras escritas pelo Cobridor do (rum) Jamaica sobre uma coluna sinalizadora, e (rum) Barbados em uma outra, "para distinguir aonde estes licores deveriam ser colocados na Loja" – a sua principal crítica era direcionada ao que aconteceu em 1717, principalmente ao que ele afirmava ser a inovação na "Antiga Maçonaria", que refletiu na formação da primeira Grande Loja.

## A EVIDÊNCIA

Voltando ao ponto principal que está sendo discutido, nós precisamos olhar com maior atenção ao desenvolvimento das palavras separadas para o Aprendiz e o Companheiro Maçom em 1730, o ano da publicação da *Maçonaria Dissecada* de Samuel Prichard.

Para formar a cena, nós devemos levar em consideração que o sistema predominante no mínimo em 1720, era aquele em que o Candidato era feito um Aprendiz, e então Companheiro Maçom, na qual o Candidato sobremontava em uma simples cerimônia, apesar de duas partes. A distinção entre os "Graus", como "partes" distintas, era para vir depois – realmente a palavra "grau", não era usada em qualquer catecismo conhecido antes da "Confissão de um Maçom" (possivelmente em 1727) e da *Maçonaria Dissecada* (1730) e nem tampouco Anderson a usou em seus Regulamentos (1723 ou 1738).

O ponto é importante porque, enquanto nós podemos traçar o uso das palavras "pilar" (colunas) antes do século dezessete, não existe evidência de concessão de Grau, no mínimo na Maçonaria Inglesa até 1720. Para ilustrar, no Manuscrito Sloane (c. 1700), nós temos a pergunta: "e para você bom Companheiro, qual é o seu nome? para a qual a resposta era: "J ou B", então dava o Sinal &c. Qualquer outra revelação inglesa ou escocesa conhecida ou catecismo até 1724, quer seja ou não indicativa de uma cerimônia de duas partes, dá as duas palavras juntas.

A partir da metade do ano de 1720, algumas concessões são indicadas. Assim em um panfleto anônimo, **The Grand Mystery of Free-Masons Dicover'd (1724),** as perguntas e respostas incluíam o seguinte:

*P. Quem dirige e governa uma Loja, e é o Mestre dela?*
*R.* ***J****, ou o pilar direito.*
*P. Quantos são os pilares?*
*R.Dois;* ***J e B****.*
*P. Dê-me a Palavra Universal.*
*R.****B****.*

Então o *Diálogo entre Simon de Philip* (provável entre 1725 e 1730) possuía **B** como sendo a palavra e **J** como a palavra de Companheiro Maçom. O Manuscrito Wilkinson (c. 1727), um catecismo do primeiro Grau, também possuía **B** como palavra, e se referia a **J** somente na observação do rodapé da página. "A Confissão de um Maçom"(1727), uma revelação escocesa, possuía **B** como sendo a palavra do Maçom e **J** como a palavra de Companheiro Maçom. Finalmente, posto que a *Maçonaria Dissecada* de Prichard (1730) possui as palavras trocadas em seu "Grau de Aprendiz", e mencionada ambas em "Grau de Companheiro", ele tem uma observação que indica que a palavra do último é **J.**

Assim lá pelos anos 1730, as indicações são de que na Inglaterra, e provavelmente na Escócia, ambas as palavras eram feitas conhecidas dos Aprendizes, mas existiu um desenvolvimento "inclinado" na direção de **J** para que ela fosse a palavra do Companheiro Maçom.

Agora é de uma maneira geral perfeitamente aceito que os Rituais dos Antigos seguiam a prática irlandesa, e que as suas três palavras estavam na ordem que nós conhecemos hoje em dia. Mas desde quando?

Estas palavras (em duas formas diferentes mas reconhecíveis) aparecem no Colégio Trinity, Manuscrito Dublin, atribuído de 1711, o qual é freqüentemente citado como sendo a primeira evidência de um sistema de três Graus. Mas relacionando este manuscrito com outros desenvolvimentos, aparecem duas questões; primeira, será que ela reflete a Maçonaria Irlandesa, e a segunda, pode a data de 1711 ser aceita?

Quanto à primeira pergunta, o manuscrito estava contido na coleção de trabalhos de Sir Thomas Molyneux, um famoso médico e cientista de Dublin, que está agora na livraria do colégio Trinity, em Dublin. O Irm∴ R.E. Parkinson escreveu na AQC 86, p. 59, em 1973: "Até aonde nós sabemos, a sua origem não foi determinada.

Ela pode ter sido irlandesa, mas, e se não for, alguém pode concluir que ela teve uma grande influência sobre o desenvolvimento do sistema Irlandês". Pela "grande influência", o Irm.·. Parkinson poderia estar apenas se referindo às implicações ao sistema de três Graus, e que de uma outra maneira é um documento muito limitado. Tendo em mente a localização do manuscrito, e o fato de que existe evidência da existência da Maçonaria Especulativa no Trinity College em 1688, pode-se aceitar provavelmente que o documento reflete a Maçonaria Irlandesa.

Quanto à data atribuída, esta é baseada no endosso do manuscrito: "Free Masonry Feb, 1711". Este é um lado diferente do corpo do texto e, de acordo com o Dr. Parkinson, foi "escrito provavelmente à mão pelo próprio Sir Thomas Molineux, e a data de 1711 pode ser aceita como correta". O Irm.·. Heron Lepper, em sua instrução Prestoniana de 1932 (AQC 94, p. 18) escreveu o seguinte sobre o manuscrito: "O seu conteúdo poderia ser colocado em uma data muito melhor, vinte anos depois". Mas o reconhecimento posterior, aquele das suas razões para suspender a data, foi a alusão, como anterior a 1711, para os três Sinais e Palavras. Assim eu tenho procurado por evidências internas da data por comparação das questões e respostas, com aquelas contidas em outros catecismos e revelações de 1696 a 1730. Estas indicam bastante claramente que o documento do Colégio Trinity é anterior à maioria dos grupos de catecismos, cujas datas são de 1723 a 1730. Realmente em certos aspectos ele está próximo aos Manuscritos Sloane e o Dumflies Nº 4 (1710), e aparte deste suporte para a data de 1711, alguém poderia imaginar a existência de uma ligação escocesa. Entretanto, é pelo caminho, e tomando a evidência como um todo, parece justo concluir que, por volta de 1711, poderia ser a data correta. Ao mesmo tempo, deve ser enfatizado que, além de dar Sinais e Palavras para os três "Graus" o Manuscrito do Colégio Trinity não contém nenhuma evidência, qualquer que ela seja da existência das Cerimônias atuais dos três Graus. Este último ponto é mostrado porque a primeira revelação impressa conhecida publicada na Irlanda (*The Whole Institutions of Free-Masons Opened*, 1725) também possui três pares de palavras (com J e B, como sendo as primeiras, e dois outros sugestivos pares de palavras, as quais em revelações posteriores, vieram a ser associadas ao terceiro Grau) mas não existe nenhuma indicação de mais de uma cerimônia de duas partes, concluindo com a elevação do Candidato nos c. p de c.

Assim, acima de tudo, se nós tomarmos o Manuscrito do Colégio Trinity com o seu valor frontal e aceitar a sua data, pode ter existido uma tendência anterior na Irlanda em direção à palavra de ordem posteriormente adotada pelos Antigos. Mas a tendência geral do desenvolvimento do cerimonial nos três países parece ter seguido – como o Irm.·. Harry Carr observou mais de uma vez – um destacado padrão similar.

Indo um pouco mais adiante, nós sabemos com tristeza pouco do desenvolvimento do Ritual na Inglaterra em 1730, além do que, o terceiro Grau estava vagarosamente entrando em uso. Acoplando a isto a introdução (provavelmente não mais que 1740) das palavras de passe, nós veremos que poderia ter existido uma necessidade de crescimento para uma definição clara dos segredos de cada um destes três Graus. Entretanto "os hábitos antigos são difíceis de morrer", as poucas evidências que existem sugerem que, por cerca de 1740, ainda não existia nenhuma alocação definida de palavras *separadas* para cada um, do primeiro e do segundo Grau. Assim:

1. O Manuscrito Cheshman (c. 1740), é virtualmente uma cópia das duas revelações de 1730 ("The Mystery of Free-Masonry" e Masonry Dissected"), com nenhuma mudança de palavras.
2. A testemunha dada à Inquisição Portuguesa de 1738, por um certo número de membros de uma Loja em Lisboa (uma Loja que não devia aliança a nenhuma Grande Loja), mas aparentemente formada de Maçons que vieram da Inglaterra em 1733, com a sua irmandade eventual formada por Católicos Romanos Irlandeses, tinha um Irmão (Iniciado em 1737) que dava a palavra do Iniciado como sendo **B**, e um outro que colocava o **B** em primeiro lugar, e um outro depoimento que dava **B** na frente de diversos nomes "embora eles se conhecessem mutuamente"; enquanto dois outros (Iniciados cerca de 1735 e 1736) davam a palavra de Aprendiz como sendo **J** e a palavra de Maçom como sendo **B** (veja o trabalho do Irm.·. Vacther – a Lodge of Irishmen at Lisbon em 1838, AQC 84). Observara-se que, se as datas dadas estão corretas, elas correm alguma coisa contra a teoria de transposição, e o Irm.·. Vacther

escreveu daquela teoria: "Eu duvido muito, se qualquer tipo de reversão aconteceu alguma vez" (AQC 84, p. 167).

3. A seguir nós temos a testemunha dada para a Inquisição em 1743 por John Coustous, que deveria refletir a sua experiência como Maçom em Londres por cerca do ano de 1730, e em Paris por cerca de 1736 (aonde ele era provavelmente o Mestre de uma Loja) e em Lisboa em cerca de 1741, aonde ele formou uma Loja para o benefício dos estrangeiros, como ele próprio o era. O seu testemunho claro, foi que **J e B** eram dadas aos Candidatos, acompanhadas por trocas de toques de mão; e ele adicionou que as duas colunas, "uma com a letra **J** e a outra com a letra **B**", eram figuradas sobre o solo da Loja. Deve-se observar que a Loja de Coustous parece ter praticado uma espécie de Cerimônia de duas partes mencionada anteriormente, o que quer dizer uma combinação efetiva do primeiro e do segundo Grau, com aqueles que atingiam o título de Mestre, que possuíam Sinais diferentes e Palavra de M. Entretanto, uma testemunha nos dá a evidência de tomar juramentos separados para o Grau de "Compagnon", após lhe ser ensinados um Sinal e Toque, e tendo a palavra **B** sussurrada para ele (AQC 92, p. 146).
4. Tendo em mente que a primitiva Maçonaria Francesa foi grandemente influenciada pela prática inglesa, é importante olharmos as duas conhecidas revelações francesas dos anos 1730.

A *Réception d'un Frey-Maçon* (1737) retrata (como coloca o Irm.·. Harry Carr, *Early French Exposures,* p. 4) "uma cerimônia simples", "dois pilares" na qual **J e B** (nesta ordem) são escritas por extenso.

Os conteúdos da *La Reception Mysterieuse* (1837) são na sua maioria uma translação da *Masonry Dissected* e a *Reception* de 1737, e, acima de tudo, isto pode não ser mais do que uma revelação antimaçônica de material disponível já publicado. Mas o que é importante, ele não indica nenhuma mudança, posterior a Prichard, na ordem ou no uso das palavras.

Assim parece claro que na prática largamente difundida, que permaneceu para ambas as palavras, a serem feitas conhecidas para os Aprendizes durante os anos 1730, com uma ou outra – não necessariamente sempre a mesma – sendo atribuída ao Companheiro Maçom. E acima de tudo, ela deve com certeza estar evidente que, como não existia uma palavra simples para o Aprendiz, e com certeza com relação à palavra do Companheiro Maçom, poderia não ter havido "reversão" na conseqüência direta da publicação da *Masonry Dissected*.

Nós agora voltaremos ao que aconteceu depois de 1740, e da sua importância no seu início, para observar a diferença entre a *Maçonaria Dissecada* e a principal revelação inglesa dos anos 1760 – principalmente em algum estágio da comunicação de ambas as palavras dos pilares que eram dadas ao Aprendiz Maçom. Isto pode seguramente assumir a ligação à atribuição de palavras separadas a cada Grau e, se as revelações dos anos 1760 são para serem transmitidas, então a prática dos Antigos foi derivada da ordem **B e J**, e os Modernos (com a provável exceção de algumas Lojas "Tradicionais") possuíam a reversão. Pode ainda ser aceito que a prática dos Antigos foi derivada dos irlandeses os quais (já mencionamos) podem ter confundido os seus Irmãos pela comunicação de ambas as palavras ao Aprendiz Maçom, mas todavia parecem ter sido colocadas com firmeza, com a ordem indicada pelo Manuscrito do Colégio Trinity de 1711.

Até aonde a Inglaterra está relacionada, nós temos um pouco depois de 1740, somente uma peça de evidência, principalmente no rodapé da página, como ilustração da procissão de 1740, da assim chamada "Scald-Miserables": "...Aquele da d. era chamado de **J**, é o Canto ou Segunda-Palavra para o Aprendiz; aquela da e., **B**, sendo a mesma para o Companheiro Maçom" (AQC 18, o frontispício para o trabalho do Irm.·. Chetwode Cawley, "A Falsa Maçonaria"). Isto era parte de uma pilhéria, mas é de valor evidencial, quando inserida no contexto do que aconteceu na França depois de 1740 – e é legítimo se olhar através do Canal da Mancha, conquanto que o que aconteceu lá nos anos 1740, refletiu-se nas revelações posteriores inglesas.

Nós podemos portanto voltar com uma certa confiança para uma revelação a qual, por várias razões, parece especialmente digna de confiança, *Le Secret des Francs Maçons* (edição de 1744), aonde nós achamos que apesar das duas colunas serem desenhadas sobre o solo, estão marcadas com **J e B**, *somente* a primeira é explicada para o Aprendiz, como indica a palavra daquele Grau, e a segunda para o Companheiro. A partir daí no mínimo outras seis revelações francesas, acima de 1750, seguem a mesma ordem das palavras.

Finalmente as bem conhecidas revelações inglesas dos anos 1760, confirmam isto, não obstante de que era ainda prática comum, conferir-se os dois primeiros Graus em uma única noite, cada Grau possuía a sua própria palavra, com os Modernos (geralmente) possuindo a reversão das palavras dos Antigos. Como já foi mencionado, a prática inicial de fornecer ambas as palavras ao Aprendiz Maçom, havia desaparecido.

Assim, acima de tudo, é claro certamente que, por volta de 1740, existiu uma decisão dentro da primeira Grande Loja, para estabilizar o Ritual, pela alocação definida da palavra dos "pilares", entre o primeiro e o segundo Grau, de maneira distinta da prática geral da troca ou da comunicação de ambas as palavras no primeiro Grau, e então atribuindo uma para o segundo. E a escolha poderia ter sido feita parcialmente por referência à Bíblia – para "estabelecer" é necessário anteriormente existir a "segurança" – e parcialmente como sendo uma resposta atrasada a Prichard. Seja como for, a "mudança" não foi certamente "gravosa" e uma inferência totalmente imprópria, com um landmark proposto desde os tempos imemoriais. Como ele tornou visto com tal?

## O PODER DA PERSUASÃO

Se nós formos em frente até 1809, chegamos a uma bem conhecida resolução feita pela primeira Grande Loja:

> *que não é mais necessário continuar com aquelas medidas, das quais se fazia uso para, no e por volta do ano de 1739, com relação aos Maçons irregulares, e portanto ordenar as diversas Lojas, fazer a reversão aos antigos Landmarks da Sociedade.*

Fica claro que esta resolução relatada *inter alia,* a assim chamada reversão das palavras do primeiro e do segundo Grau, e aquela em efeito pela primeira Grande Loja, estava em defesa da culpa por haver transgredido os landmarks por volta de 1739. Mas ele foi visto como um "landmark introduzido" naquele tempo, e ele não veio somente para ser visto como um, muitos anos depois? Vamos seguir o curso dos eventos:

(i) A Grande Loja dos Antigos foi formada em 1751, e seus Rituais eram sem dúvida baseados na prática irlandesa, que era familiar à maioria dos Irmãos fundadores. Assim a diferença nas palavras no primeiro e segundo Graus, existia desde o início. Entretanto, nenhuma introdução em particular parece ter sido feita nela em ambos os lados, e quando Laurence Dermott se colocou na posição de crítica contra os Modernos, na segunda edição da *Ahiman Rezon* (1764), ele deu foco quase que inteiramente sobre o que aconteceu em 1717, o qual ele viu como um desvio dos landmarks. Como foi mencionado anteriormente, a sua única referência às palavras foi a distinção do Cobridor, ao se colocar o rum Barbados e Jamaica – certamente era mais uma pilhéria do que uma crítica.

(ii) A diferença entre os usos dos Antigos e (normal) Modernos, foi identificada pelo autor de *Jachim e Boaz,* em sua segunda edição (1762, pouco depois da primeira) quando – tendo plagiado extensivamente as *Three Distinct Knocks (As Três Batidas Distintas)* (Uma revelação dos Antigos) – ele mudou as palavras dos Graus (mas não o seu significado) para fazer a sua revelação aparecer de conformidade com ambas as práticas dos Modernos e dos Antigos. Também de acordo com uma observação bem conhecida de uma revelação de rodapé de página de 1766 (*Mahhabone,* segunda edição), a palavra do Aprendiz Maçom era inicialmente a do Companheiro Maçom

> *até que aparecesse uma pretensa Revelação da Franco-Maçonaria, escrita por Samuel Prichard [sic] e que ainda continua a ser publicada até este momento... a Fraternidade possuía um conselho geral, e as Palavras de Aprendiz Maçom e de Companheiro Maçom estavam invertidas, e Considerações Particulares transmitidas para cada Loja, posto que existem algumas Lojas não constituídas, que ainda retêm os primeiros costumes.*

Como já foi indicado, tudo o que fosse feito em relação às palavras parece claramente ter acontecido em 1740 ou próximo a esta data, em vez de seguir a Prichard. Também não existe nenhuma evidência da reunião de um Conselho Geral, enquanto que o autor da revelação de 1766 admite que ele não conhecia nada de

Maçonaria antes de 1753. Ele poderia portanto somente trabalhar em cima de boatos. Entretanto, a nota do rodapé da página indica uma crença prevalecente, de que existia uma "reversão".

(iii) Agora nós chegamos à narração de Preston (em 1775/6) do que aconteceu em 1739, enquanto tenhamos em mente os seguintes fatos:

*primeiro, de que Preston era Mestre da Loja "Antiguity", uma das quatro fundadoras da primeira Grande Loja, mas ao mesmo tempo era um "tradicionalista" (isto é, um daqueles que era favorável às práticas tradicionais); e*

*segundo, a destacada capacidade de Preston – especialmente como historiador infeliz – porque como o Irm.·. Colin Dyer descreveu (em* ***William Preston e seus Trabalhos****) era um "formador de evidências".*

O curso dos seus deveres como Assistente de Secretário da primeira Grande Loja, Preston preparou algumas observações históricas, as quais primeiramente apareceram no *Freemason' Calendar* para 1776, e que foram posteriormente incluídas (com pequenas diferenças de palavras) no *Livro da Constituição* de 1784. A finalidade das observações era explicar a origem da Grande Loja dos Antigos, à qual Preston atribuiu (erradamente, assim que foi estabelecida) para a secessão pelos Irmãos da primeira Grande Loja. Entretanto, ele a seguir escreveu:

*... para detectar estes impostores [isto é, os Irmãos cerceados] ... foram feitas algumas variações, e adições, às formas estabelecidas. Os antigos landmarks foram inteiramente preservados, e nenhuma mudança foi admitida, para que o mais escrupuloso pudesse aprovar. Isto entretanto deu origem a um subterfúgio, ao qual os Irmãos refratários rapidamente se agarraram.*

*Eles se proclamaram inimigos de todas as inovações ...*

Preston escreveu que estes eventos aconteceram em 1739, enquanto que isto pode ser descontado até onde se relaciona com a formação da Grande Loja dos Antigos (ou a um Comitê Preliminar), parece ter existido mais do que uma coincidência, qualquer que tenha acontecido, que afetasse a primeira e a segunda palavra dos Graus, aconteceu naquele momento. A referência de Preston aos "antigos landmarks" sendo "inteiramente preservados" e a sua limitação do propósito da mudança, com o propósito de deter os "impostores", parecia uma tentativa deliberada de evitar uma interpretação mais forte.

(iv) Preston passou particularmente as suas observações históricas ao Grande Secretário da Escócia em 1775, no decorrer de correspondência, desafiando a regularidade da Grande Loja dos Antigos, e questionando o "reconhecimento" da Grande Loja da Escócia em relação a ela (Dyer, *William Preston and his Works,* pp. 36-8). Com efeito este foi o início da guerra de palavras entre Preston e Dermott.

(v) Na terceira edição de *Ahiman Rezon* (inglesa, 1778), Laurence Dermott aumentou o seu criticismo sobre a primeira Grande Loja, alegando que a sua formação foi irregular em termos de número de Lojas fundadoras (quatro, visto que Dermott afirmava que deveria ter havido no mínimo cinco). Como o passar do tempo os Antigos – em sua maioria através de Dermott – lançaram muitos ataques contra os Modernos, incluindo aquele da violação dos landmarks, pela transposição das palavras do primeiro e do segundo Graus.

(vi) É importante resumir como Preston descreveu estes eventos (posteriormente *Illustration of Masonry,* edição de 1804), principalmente no que diz respeito a

(a) medidas adotadas – principalmente para as Lojas – checar os Irmãos cerceados, incluindo "algumas inovações" ...as quais parecem autorizar uma omissão de, e uma variação nas, antigas cerimônias;

(b) depois de uma reconciliação temporária, mais secessões aconteceram, seguindo aquela *"a Grande Loja aquiesceu nas medidas imprudentes, pelas quais os Maçons regulares haviam adotado medidas às quais, mesmo com a urgência do caso, eles não poderiam autorizar.* Apesar disto ter produzido o efeito desejado, ela deu origem a outro subterfúgio. Os Irmãos que haviam se separado ... rapidamente anunciaram a independência, e assumiram a denominação de Maçons antigos... Para contrariar os regulamentos da Grande Loja, eles instituíram uma nova Grande Loja em Londres ..."

As palavras que foram colocadas em itálico, podem provavelmente ser aceitas como confirmadoras de que a primeira Grande Loja tomou parte na mudança, enquanto Preston esquivou-se de retirar o seu significado, para descrevê-las como imprudentes e desautorizadas.

(vii) Assim a análise final de Laurence Dermott e de William Preston que tornaram-se aliados virtuais na construção do conceito de que a primeira Grande Loja havia violado os landmarks. E a Loja da Promulgação – influenciou fortemente porque eles eram membros da Loja "Antiguity" - que trabalhou sobre as bases de que os seus propósitos eram identificar as práticas antes das medidas "empregadas em ou perto de 1739". Assim, ao final, os Antigos em conjunção com os Tradicionalistas que existiam entre os Modernos, obtiveram sucesso em persuadir a primeira Grande Loja, de que ela estava realmente faltosa, e que deveria colocar o assunto de maneira correta revertendo aos antigos landmarks. Alguém se lembrará irresistivelmente do Old Kaspar, que não sabia que a batalha estava toda ali, "mas foi uma vitória famosa".

## OUTRAS OPINIÕES

Primeira, existe a teoria colocada pelo Irm.·. Colin Dyer no *William Preston and his Work* (principalmente na p. 40). O Irm.·. Dyer mudou a primeira teoria da "reversão" (AQC 98, pp. 123 e 172), e resumindo a sua contenção, foi de que a alocação das palavras do primeiro e do segundo Graus foi um desenvolvimento post-Prichard, ligada à maior prática, desde 1730, do sistema de três Graus; e que como (se Prichard estava correto) não ouve atribuição prévia de "uma atribuição específica para cada um do primeiro e do segundo graus", e aí não poderia ter havido reversão.

Eu acredito que o Irm.·. Dyer está "metade certo" de que "reversão" é claramente a palavra errada para se usar, aonde não existiu alocação prévia de palavras separadas para cada um dos Graus.

Entretanto, eu não posso aceitar completamente esta teoria, por três razões:

(i) já existia claramente a "tendência" para **J** como palavra de Companheiro Maçom nos anos 1720, concluindo com a afirmativa de Prichard (em adição a sua referência a ambas as palavras para ambos os Graus) de que a palavra de um Companheiro Maçom é **J**;

(ii) a comunicação das duas palavras no primeiro Grau continuou através dos anos 1730, a primeira referência da retirada de uma (então B) está na revelação francesa dos anos 1740;

(iii) Eu não posso, por razões já expostas neste trabalho, aceitar a afirmativa do Irm.·. Dyer, de que o que aconteceu foi "imediatamente depois da revelação de Prichard de 1740".

Eu estou de acordo, e me encontro alguma coisa próximo ao Irm.·. Watcher, o qual escreveu na AQC 82, p. 94:

> *Eu arrisco a sugestão de que no sistema bi-gradal, o antigo 1º possuía ambas as palavras, usadas conjuntamente, enquanto que o antigo 2º Grau usou a Palavra de M.M. Com a adoção do sistema tri-gradal, no início ambas as palavras continuaram a ser usadas no 1º, e uma delas no 2º; seria mais lógico então, não obstante, alocar uma palavra para cada Grau, e poderia ter existido variações locais, de como elas foram alocadas.*

Entretanto, tendo em mente a grande e aparente aceitação súbita da "mudança" dentro da primeira Grande Loja, parece claro que estava envolvido mais do que um desenvolvimento gradual evolucionário.

## AS PALAVRAS DE PASSE

O argumento, qualquer que seja que tenha acontecido em 1740, seria reforçado se ele pudesse estar ligado à introdução de palavras de passe, e existe uma peça curiosa de paralelismo com as palavras de passe – apesar de que, por alguma razão, na ordem reversa – primeiramente apareceu na imprensa em uma revelação francesa de 1745 *(L'Odre des Francs-Maçons Trahi)*. Ademais, ela parece mais que foi feita com a intenção de salvaguarda contra profanos do que como palavras de passe, que levavam de um Grau a outro. O Irm.·. Jackson (na "Palavras de Passe Maçônicas", AQC 87) vê a evidência como que sugerindo uma origem inglesa e, se assim for, ela dá suporte à opinião de que os franceses ainda seguiam os ingleses. Mas existe uma diferença maior entre as duas mudanças de Ritual, naquela (assim chamada reversão de palavras) estava confinada aos Modernos, enquanto que a outra (a introdução de palavras de passe) parece ter sido geralmente aceita na Inglaterra, Escócia e na Irlanda.

## CONCLUSÃO

O objetivo deste trabalho foi apresentar e avaliar a evidência e tentar colocá-la dentro de uma teoria aceitável. A minha conclusão firme é a seguinte:

(i) que por volta de 1740, ambas as palavras eram regularmente comunicadas ao Candidato na ocasião da admissão (quer seja em uma Cerimônia de duas partes ou em uma, ou em ambos, o primeiro e segundo Graus) e nenhuma das palavras é lembrada com firmeza ser "segredo" de um Grau;

(ii) quando foi reconhecida a necessidade de se ter segredos inteiramente separados, existiu uma decisão de duas partes: primeira, seguir a Bíblia e colocar "estabelecimento" antes de "segurança", e segundo eliminar qualquer explicação dos dois pilares no primeiro Grau.

Deveria é claro ter sido apreciado, até aonde as Lojas estavam seguindo a Prichard, e deveria existir uma mudança para a palavra do segundo Grau; e que, para esta extensão, a mudança deveria ter servido para proteger as Lojas dos intrusos – ou profanos, ou membros de Lojas não filiadas à primeira Grande Loja. O que os membros proponentes da mudança poderiam não ter visto com antecedência, foi que dentro de poucos anos poderia existir um influxo de Maçons da Irlanda, incluindo Laurence Dermott, que não encontrou guarida na Maçonaria Inglesa. E assim os antigos entraram em cena, clamando através de Dermott, sendo os verdadeiros herdeiros da Maçonaria pré-1717. A alegada reversão das palavras aconteceu em tempo de ser vista como ponto focal do evento. Preston foi pego de surpresa entre duas lealdades conflitantes – admitir a "reversão" mantida no mínimo inicialmente, de que ele estava "dentro dos landmarks". Mas os Antigos, e os que davam suporte, entre eles os Tradicionalistas, não queriam nada daquilo, e que eventualmente a Grande Loja "confessasse os seus pecados", e pensassem em retornar aos landmarks – dos quais eles deveriam ter saído! Certamente o "evento triunfal" mais importante que a Maçonaria nunca jamais havia experimentado.

# A Parte do Mestre: uma Reapresentação

*PELO IRM∴ NEVILE B. CRYER*
*(20 de fevereiro, 1997)*

Mesmo depois do que poderia ser um exame simplesmente precipitado dos assuntos do Índice Conciso dos negócios da Loja "Quatuor Coronati", torna-se claro que o estudo repetido de certos tópicos tornou-se uma tradição. Se este tipo de tradição deve ser perpetuado, ele deve ser debatido, mas esta tradição inegavelmente existe em diversos campos da pesquisa maçônica. É dentro desta tradição que os trabalhos que estão relacionados com o presente tópico têm sido elaborados. Esta linha de trabalhos começa com John Lane, sobre as "Masters Lodges" no Vol. I, e reaparece com Sidney Klein em "Magister-Mathesios" (ou "The Read of all Learning") no Vol. 23, e continua no G. W. Bullamore "The Antiguity of the Third Degree" Vol. 38 e no Arthur Heiron "Masters Lodges" Vol. 67, e "Passing the Chair" Vol. 70, concluindo com R. J. Meekrens "The Age of the Master's Part" Vol. 72. A instrução de Canon Richard Tydeman, (1971) "Master and Masters Masons", impresso nas *Collected Prestonian Lectures*, Volume Dois, formando assim um código conveniente para a série.

Que este tipo de tradição foi claramente reconhecido em um estágio anterior, foi revelado trinta anos antes pela observação na abertura do trabalho de Meekren, onde ele se refere à contribuição de Bullamore. Ainda mais, Ivor Grantham, grande e respeitado Bibliotecário da Grande Loja daquele tempo, diz em seus próprios comentários sobre a tese de Meekren: "Este breve, mas interessante trabalho demonstra o valor da revisão periódica das teorias mostradas pelos estudiosos de uma década anterior" e ele seguiu justificando este ponto de vista, indicando que "mesmo este tipo de robustez no campo da pesquisa maçônica, como foi o falecido Douglas Knoop, deve sofrer de tempos em tempos *ser supervisionado em alguma trilha sinuosa,* as quais à luz de descobertas subseqüentes poder assumir importância considerável".

É com a mesma convicção, de que não foi dada a última palavra sobre o tópico, do que exatamente significava a Parte do Mestre, depois de um intervalo de mais de vinte e cinco anos, que eu volto ao assunto uma vez mais. Os Membros da Loja do Círculo de Correspondência, e da Maçonaria em geral, precisam decidir se esta é uma "tradição", se possui méritos e necessita ser transmitida ou que pelo menos alcançou a sua conclusão.

Foi enquanto eu lia o trabalho do Irm.·. Arthur Heiron, "The Craft in the 18th century" na AQC 37, alguns anos atrás, que as primeiras sementes deste trabalho foram plantadas em minha mente. O que ele então escreveu, foi o seguinte:

> *A Loja "Old Dundee" nunca oficialmente trabalhou este Grau (Santo Arco Real) como tal, mas existe uma forte evidência em favor da sugestão de que um Ritual similar foi trabalhado nas nossas assim chamadas "Masters Lodges" (1754-69).* (P. 55.)

A minha primeira reação, ao encontrar este tipo de afirmativa, resultou em uma série de questões: Por que uma Loja tão antiga, formada em 1722, deveria de alguma forma se preocupar com o Santo Arco Real? Se ela foi formada sem ele, então qual foi o ponto para se adicionar uma Cerimônia desnecessária? Se, entretanto, *ele era significativo,* então por que não deveria existir previsão para ele no programa normal da Loja? Por que ele foi relegado para a "Masters Lodge"? O que realmente era uma Loja de Mestres, e o que ela poderia fornecer, o que ainda ela não estava apta para dar, e o que era essencial para se ter em uma Loja "Moderna" da qualidade da "Old Dundee"? O que foi que realmente eles ofereceram? As perguntas são muitas, e naquele momento outros deveres maçônicos e linhas de pesquisa impediram que estas perguntas fossem devidamente direcionadas. Elas permaneceram em minha mente, e mais recentemente elas ressurgiram, especialmente quando eu cheguei novamente à Loja "Old Dundee", durante a minha mais demorada pesquisa sobre as origens e desenvolvimento do Grau da Marca na Maçonaria Inglesa. Nós deveremos retornar a estes assuntos, quando considerarmos a Loja de Mestres na Sessão (B) logo adiante.

Um outro estímulo foi um trabalho que eu nunca havia examinado ou digerido completamente, a não ser recentemente, e que foi a Instrução Prestoniana de Canon Richard Tydeman. Foi com algumas dúvidas prementes que existem naquela contribuição ao pensamento maçônico, que eu resolvi também discutir aqui. Para a salvaguarda de toda uma geração de Maçons, nós necessitamos, eu acredito, analisar os pontos de vista que ele adequadamente levantou, e que ninguém, que é do meu conhecimento, discutiu adequadamente até o momento. Quando nós olhamos para a série de introspecções e idéias que emergiram tanto antes como depois do dia de Heiron, e até aquela de Canon Tydelman, nós devemos, eu acredito, estar aptos a trazer mais luz sobre aquilo que alguma vez foi considerado como tal por alguns, e que na minha opinião deveria ainda ser reconhecido como a verdadeira "Parte do Mestre".

Ninguém questiona a afirmativa de que, por todas as mudanças que ocorreram em todo o estilo e estrutura da prática maçônica por mais de trezentos anos, nós ainda temos preservado as nossas Cerimônias, os elementos básicos da Maçonaria Especulativa original. E que sendo este o caso, nós encontramo-nos algumas vezes com enigmas, que ainda necessitam solução.

A realidade histórica é que, através do que nós ainda chamamos de Idade Média, foi feita uma distinção na Maçonaria Operativa, entre um Fellow of the Craft ou Master Craftman e um Master Architect (Companheiro Obreiro ou Mestre Obreiro e um Mestre Arquiteto). Qualquer pessoa que poderia entender esta distinção à luz dos últimos estudiosos, deveria ler *The Medieval Arquitect* de John Harvey (Wayland Publishers, 1972) e especialmente o capítulo II. Uns poucos e breves extratos, é tudo o que se poderia dar aqui, mas estes são representantes de toda a tese.

Nós somos apresentados ao "quadro clássico do arquiteto

típico", como se fosse apresentado por um pregador Dominicano. Em 1261, um sermão incluiu "O Mestre dos Maçons", carregando uma medida, e usando luvas nas mãos, dizendo aos outros: "Corte ela para mim desta maneira, e não faça nenhum trabalho, até que recebam os altos salários, como o fazem muitos dos Bispos de hoje".

Abordando este tema da remuneração, Harvey comenta: "É possível reconhecer a importância do desenhista, tomando o fator relativo pelo qual o seu salário ou taxas excediam os honorários do pedreiro Maçom formado e habilidoso, e realmente empregado em tempo integral a cortar e assentar pedras. A diferença na porcentagem variava muito, mas era comum para um mestre do status de arquiteto, ser pago duas vezes mais do que os Maçons trabalhadores, e os desenhistas de distinção ganhavam três ou quatro vezes mais que a porcentagem ganha pelos Obreiros.

Pela vontade do Bispo William de Wykeham, o fundador da notável escola de Winchester e do New Colledge em Oxford, é feita uma menção específica ao seu Mestre de Trabalhos, Wiliam Wynford, o qual era para ser "recebido como um Irmão especial de nosso Capítulo e o que deveria ser feito para ele em vida e depois da sua morte como se fosse um dos Irmãos de nossa congregação". A data deste legado foi 1399. E Harvey finalmente dirigiu a sua atenção para a educação deste tipo de "Mestres" (pág. 99), começando com a escolaridade sob as bases dos dias escolares de um garoto, com alguma sensibilidade básica sobre carpintaria, corte de pedras; permanência no aprendizado por três anos, e no quarto aprender a escolher, cortar, esquadrinhar, acabar e assentar pedras e fazer com elas formas específicas, e finalmente mais quatro anos não fazendo trabalhos, mas apenas memorizando os problemas de geometria prática da construção de arcos e *voussoirs*, fazer projetos e aprender proporção. Depois de sair e durante três anos ele permanecia como diarista, antes da sua graduação, a qual era feita com formalidade e trote. Existiu então uma distinção positiva substancial entre o Mestre Obreiro qualificado e os Arquitetos dirigentes.

Quando nós falamos portanto de um Mestre Maçom ou da Parte do Mestre em conexão com a Maçonaria Especulativa, os seus Rituais e Cerimônias, nós necessitamos ser precisos com relação à posição exata com a qual nós estamos nos referindo. A importância deste requisito torna-se bastante clara, assim que nós olharmos a maneira pela qual o termo é entendido por alguns daqueles mencionados na abertura deste trabalho, assim como também outros do mesmo campo.

Em 1959, em sua resposta escrita sobre os comentários feitos sobre a sua tese, o Irm.'. Meekren faz a seguinte afirmativa interessante: "[Meu] assunto não foi o terceiro Grau dos últimos cem ou cinqüenta anos, mas a Parte do Mestre (ou por qualquer nome que ele tenha sido chamado) da Franco-Maçonaria antes da era da Grande Loja. Isto pode parecer à primeira vista ser uma distinção baseada sobre uma diferença muito pequena, mas isto não é realmente assim, porque ela regula todo o cerimonial, moralidades, e outras elaborações do terceiro Grau como nós o conhecemos" (pág. 47) e ele continua ... em 1723 o segundo Grau foi a Parte do Mestre, e não existia o terceiro Grau. Mas esta é a causa da confusão, a Parte do Mestre era indiferentemente chamado "the Fellow Craft (Companheiro Maçom) e/ou Mestre". Deve ser observado, entretanto, que se faz uma menção muito específica ao terceiro Grau de Prichard ou Parte do Mestre, e nós então não temos nenhuma dúvida se a escolha do nome de Prichard foi apropriada, a menos que ele tenha querido significar "A Parte do Grau de Mestre".

Bernard E. Jones coloca um outro ponto de vista no seu *Freemason's Guide and Compendium* (págs. 246ff): "O Mestre Maçom [Medieval] não é conhecido como tendo sido especulativo, excetuando-se no ponto em que ele está relacionado com a teoria do desenho e da construção ...o termo certamente não possui conotação com a Maçonaria especulativa como ela é entendida hoje em dia. O Maçom experimentado, que presidia uma Loja operativa era o seu "Mestre"; o seu trabalho era na medida da confiança que seus Companheiros depositavam sobre ele, e não um Grau – *até onde nós sabemos* – confiança esta adquirida, sem se submeter a qualquer tipo e cerimônia de natureza esotérica, e ele continua, "A Parte do Mestre" é uma frase usada a partir de 1720 para designar o Grau de Mestre Maçom – o que quer dizer o Grau Hirâmico. Ele não se refere *comumente* ao trabalho interno da cerimônia de instalação (apesar de que possa possivelmente, muito mais tarde no século, ter sido usado por algumas Lojas desta maneira).

Por outro lado Sidney Klein, em seu trabalho "Magister-Mathesios", claramente sugere que o atual Mestre Maçom não foi fornecido com todo o conhecimento necessário para permitir que ele fosse um verdadeiro Mestre, e que a sua deficiência deveria urgente ser retificada.

Ele escreveu (pág. 109):

> ... *depois de 1717 um grande número de pessoas tituladas e membros da Realeza foram feitos Maçons. Eles eram primeiramente feitos somente Companheiros Maçons, o Grau de M(estre) era reservado para aqueles que se tornavam Mestres das Lojas, mas com a grande afluência de homens de posição, a pressão foi colocada evidentemente sobre o Executivo para dar ao Grau de M.M., para que este ficasse independente da Mestria da Loja. Uma nova cerimônia adequada ao status ao novo Maçom feito, foi portanto composta, e aos novos Maçons Especulativos foi dado o Grau de M.M., e foi formado um novo cargo similar àquele de V.M., e eles se tornaram a cabeça das Lojas na Maçonaria Especulativa. Fica claro, entretanto, que os S.S. ou alguns deles pertencentes ao Grau de M.M. não foram divulgados, mas foram arranjados outros para serem passados ao Grau mais alto de V.M.*

Em um caminho alguma coisa similar, ainda que conflitante e distinto, o Irm.·. Crossle, em seu extenso estudo sobre desenvolvimento do Ritual Irlandês (Loja de Pesquisa, Irlanda, negócios, 1923), identifica muitos outros elementos na "Parte do Mestre" dos daqueles que são abraçados pelo Grau de Mestre Maçom, como é geralmente entendido. Falando (pp. 160ff) da prática habitual local de longo uso, ele declara que o que aconteceu em numerosos centros irlandeses foi "possivelmente, em verdade, a mesma prática descrita por Pennel" (1730):

1. Aprendiz, ou Irmão.
2. Companheiro Maçom
3. A Parte do Mestre (M.M.) *não confinado a Cadeira.*

Os N^os^ 1 e 2 parecem ter abraçado cerimônias *até a inclusão* da lenda hirâmica. O que vem a ser o "Aprendiz" de Pennel sincronizada com o nosso atual A. M. e C. M. e o seu "Companheiro Maçom" com o nosso atual M.M. Realmente se alguém pensar um pouco mais, os nossos Ms.Ms. de hoje em dia, quando reunidos, realmente são uma Loja de Companheiros. O Nº 3, a "Parte de Mestre" de Pennel, aparentemente compreende as essências de uma cerimônia *elaborada subseqüentemente* dentro dos atuais Graus de

Irlandeses de Mestre Instalado, Arco Real e Rosa-Cruz. Ele termina esta seção com a afirmativa de que possivelmente por cerca de 1750/60 em Dublim, e mais ainda depois nas áreas rurais, os nomes foram mudados para

(1) Entered Apprendice e Fellow Craft (um Grau que muitas vezes é pronunciado como "Entered e Crafted").
(2) Mestre Maçom.
(3) Arco Real.

Parece que esta mudança (posterior) no nome ocorreu de acordo, assim que Lojas subordinadas obtiveram os equipamentos e requisito necessários, chamados de "encampment" (acampamento). O conteúdo do Grau que na Irlanda nós chamamos "Mestre Instalado", deve ter sido *somente uma parte* da Parte de Mestre de Pennel, e parece ter sido fundida nas Cerimônias conhecidas pelo nome genérico de "Arco Real".

E eu acredito mesmo, que seja mais evidente agora, do porquê deveria existir mais precisão no uso dos termos, se nós tivermos de estar certos, ao que nós estamos nos referindo neste trabalho. É na tentativa de ser mais preciso, que agora eu quero apresentar o meu argumento.

Parece-me ser bastante evidente que a "Parte do Mestre" quis significar e compreender mais do que Prichard descreveu, ou que agora inclui o atual Grau de Mestre Maçom. Eu já me referi às Instruções Prestonianas escritas por Canon Richard Tydeman, mas o que agora eu quero fazer, é recapitular e comentar sobre os seus pontos mais importantes, e depois sugerir, e mesmo tentar provar o que o assunto até agora não fez. Eu entendo é claro que o clima para perguntas tanto dentro como fora da Maçonaria tem aumentado consideravelmente desde 1970, e as perguntas agora podem ser levantadas e discutidas abertamente, sobre o que poderia ainda ser um assunto de alguma delicadeza vinte anos atrás. No livreto de instrução original de Canon Tydeman, ele chama a nossa atenção para os seguintes tópicos:

(1) (p. 3) O que está abundantemente claro ... é que não era permitido que as Lojas particulares (até o início de 1730) trabalhassem a "Parte do Mestre" e os Mestres poderiam somente ser feitos pela e dentro da Grande Loja. Desta maneira, a Grande Loja poderia manter pulso firme sobre aqueles que eram "numerados" dentre os dirigentes da Maçonaria, e que estavam aptos a *"vetar"* a

entrada de cada Mestre, para estarem certos de que era *ortodoxo e idôneo*.

A isto ele adicionou, e certamente significou, que a parte do Mestre estava relacionada somente com aqueles que haviam se tornado Mestres de Lojas, e nós temos uma observação de rodapé de página das Antigas Obrigações *do Livro da Constituição:*

**N.B.** Nos tempos imemoriais, nenhum Irmão, apesar de habilitado na Maçonaria, era chamado de Mestre Maçom, até que ele tivesse sido eleito para a cadeira da Loja.

A minha única pergunta relativa a esta importante reflexão, é o que o autor quis dizer com "vetar" ou "ortodoxo e idôneo". Se a restrição sobre quem poderia ser Instalado, e dada a Parte do Mestre, dependia sobre a quem a Grande Loja escolhesse para ocupar o cargo, então este termo era parcialmente entendido, apesar de que alguém ainda poderia divagar por quais padrões os Irmãos eram julgados. Se, entretanto, a restrição era porque se seguia o conhecido costume Operativo do conteúdo do Ritual, e não a idoneidade do recipiendário, é que este passo estava reservado à Grande Loja. Afinal as Lojas ainda não tinham o direito de *eleger* seus próprios Mestres, e em qualquer caso, como poderiam os Candidatos à Cadeira serem considerados ortodoxos *antes* que os ensinamentos da Parte do Mestre lhe fossem dados?

2) (p. 4) Pela razão do aumento crescente das distâncias, tanto para os Mestres eleitos que tinham que viajar até a Grande Loja ou para a Instalação de Grandes Oficiais que eram necessários para dar suporte ao número crescente das Lojas do interior, a "Parte do Mestre" foi de 1730 em diante, principalmente conferida nas novas "Lojas de Mestres" sobre aqueles que eram, ou por pouco tempo, para ocupar a Cadeira de uma Loja. Os Candidatos para "Parte do Mestre" eram, é claro, Companheiros. E Canon Tydeman continua: "Eu sugiro que no início do século 18 foi neste ponto, e originariamente somente neste ponto, que o terceiro Grau *como nós o conhecemos* era conferido ao Mestre Eleito".

Ele também adianta um ponto, que quando o Esquadro é mencionado em uma Cerimônia de Instalação, fala-se que ele era aplicado aos *Mestres Maçons*. Isto certamente implica que *somente* os Mestres Instalados eram Mestres Maçons ou que os Mestres Maçons, até aquele momento, ainda não sabiam como aplicá-lo?

Conquanto que, dando total suporte ao ponto de vista de que

a Parte do Mestre quis significar a inclusão, e não somente se referir à Instalação, eu não posso aceitar que *a cerimônia era a mesma,* como é do atual terceiro Grau. Se ela foi, esta foi realmente a Parte do Mestre, então por que não qualificar os atuais Mestres Maçons na participação do Trabalho Interno, em uma Cerimônia de Instalação? A verdade certamente, é porque a Grande Loja *conhecia* que o que temos no Terceiro Grau *não era toda* a Parte do Mestre, que eles estavam eventualmente felizes em permitir que ela fosse usada como um Grau parcial ou intermediário para Mestres dirigentes em potencial, e não passá-lo indevidamente, quando ela foi revelada por Prichard e outros. O que restou ainda para ser comunicado para aqueles que iam ocupar a Cadeira da Loja, nós consideraremos daqui a pouco. O que nós devemos olhar com mais cuidado, são aquelas Lojas de Mestres que são mencionadas.

3) (p. 8) Nós estamos lembrados da opinião de Dermott de que "Um Moderno (Maçom) não estava qualificado para comparecer em uma Loja de Mestres, nem tampouco em uma Loja do Arco Real [sic], até que ele tivesse sido *instalado,* e que o mesmo Irmão estava injuriado com relação àqueles que se achavam Maçons do Arco Real, sem haverem passado pela Cadeira de forma regular".

Canon Tydeman então explica que os Antigos faziam Irmãos Mestres Maçons, assim que eles podiam ser elegíveis para o Arco Real, e parece sugerir que isto foi equivalente à "passagem construtiva da cadeira", e que os antigos requeriam "que poderia somente ser conferida para os atuais Past Masters das Lojas". Se esta interpretação posterior é aquela que foi entendida, então nós podemos dizer que ela era incorreta, porque agora sabemos (em grande parte graças ao resultado do trabalho do falecido Cyril Batham) que o passo da "Passagem da Cadeira" incluía materiais *não transmitidos* ao Grau de Mestre Maçom.

É importante também ponderar que o fato dos destaques já feitos com relação aos entendimentos iniciais dos Graus Irlandeses poderiam explicar completamente por que muitos Irmãos que estavam envolvidos na formação da Grande Loja dos Antigos, eram tão insistentes na essencialidade de uma *participação completa* em toda Parte do Mestre, antes que um Irmão tivesse acesso e apreciasse o Arco Real.

4) (p. 9) Foi exposto que os instrumentos de trabalho de um Mestre Maçom não eram aqueles de trabalhador comum, mas os

instrumentos de um arquiteto. Eles permitiam que ele traçasse linhas, fizesse desenhos e a circunferência completa. Ainda mais, neste Grau o Círculo e o seu centro possuem uma grande importância – a Loja é aberta sobre ele; nós esperamos encontrar os segredos genuínos (verdadeiros) com ele; Cinzas e velas são queimadas sobre ele, o Sinal é recuperado sobre ele, e mesmo a sepultura é medida a partir dele. E ele adiciona estas palavras (p. 15):

> *Mas onde está o centro? A primeira Tábua de Delinear nos diz que em cada Loja regular e bem formada e constituída, existe um ponto dentro do círculo,* ***ao redor do qual os Irmãos não podem errar****. Na parte superior deste círculo, se encontra o VSE. Assim o Centro está localizado,* ***tão próximo à Palavra Sagrada****, tanto quanto possa estar. Foi dado e ordenado que o nosso (Grão) Mestre, fosse enterrado tão próximo o quanto fosse possível ao S(anctum) S(anctorum), que os Israelitas poderiam permitir.*

Como resultado de considerar todos esses pontos, torna-se claro que qualquer um que imaginar, que possa simplesmente ser "elevado", ele tenha atingido o ápice da "verdadeira" Maestria, tanto desinformado como imperceptivo. Para ser um "Mestre", manifestadamente envolve o Mestre Maçom, em muito mais do que ele tenha já adquirido.

Ainda que estas reflexões sejam passadas sobre o Ritual atual de maneira não compreensível, elas cobrem o assunto. Diversas perguntas intrigantes permanecem.

(a) Por que um Compasso é essencial para provar um Mestre Maçom? É simplesmente assim que ele agora está apto para desenhar um círculo, ou não está apto para indicar um nível adicional de habilidade, que somente um Arquiteto (dirigente) Maçom possui? Mesmo Canon Tydeman chama a nossa atenção (p. 14) para uma peça de catecismo da "Parte do Mestre" de Prichard:

> *P. "Como você foi passado a Mestre?" R. "Do Esquadro ao Compasso?" e continua: "Pode isso ser interpretado como sendo alguma coisa menor, do que uma referência à Passagem de um Mestre, para a Cadeira de autoridade de sua Loja? Eu concordo, mas ela somente provoca uma outra pergunta – por que um Mestre Instalado usa um Esquadro, e somente aqueles que no século 18*

*tornaram-se Past Masters passando pela Cadeira, usavam uma Jóia com o Compasso abraçando uma Glória? Será que isto não queria significar que Parte do Mestre completa, não terminava com a Instalação?*

(b) Por que, se o propósito do Mestre era procurar o que estava perdido, será que nós não havíamos encontrado os segredos perdidos quando o Grau estava pronto? É como Canon Tydeman sugere (p. 2) que o Senhor da Luz "pela vontade no seu próprio tempo, restauraria-nos os s[egredo]s verdadeiros negados *em nossa existência mortal?"* ou será que aqui nós não temos com certeza uma *relíquia* mais completa da Parte do Mestre, na qual os segredos verdadeiros foram descobertos e divididos com o novo dirigente?

(c ) O que exatamente quer dizer o ponto, ir do Oriente para o Ocidente, e onde exatamente estão o Oriente e o Ocidente, que são pontos referenciais nesta significativa jornada? O ponto certamente é descobrir o segredo, e não os segredos substituídos perdidos como resultado da morte de Hiram Abi. Se isto for assim, então nós não podemos começar orientar-nos até depois daquele evento. Poderia ser que ele quis significar do Oriente de Jerusalém, onde ficava o Palácio de Salomão, e para o Ocidente onde estava localizado o lixo da cidade, e no qual alguns Rituais dizem que o corpo do Grão-Mestre estava indecentemente enterrado? Ou será que aquela localização não era a correta, e nós temos que nos mover de Jerusalém no Oriente, para um ponto próximo ou além de Joppa no ocidente onde os assassinos foram achados? Ou possivelmente poderia ser que esta frase significa que o Venerável Mestre teve que deixar a sua Cadeira no Oriente e se dirigir para o Ocidente onde estava o corpo? O único prejuízo de todas estas sugestões é se nós ficarmos somente com o atual Grau de Mestre Maçom, então qualquer que seja a jornada, ela representa a recompensa da nossa jornada, e não o que foi prometido – mesmo através de nossos próprios esforços e com a ajuda do Venerável Mestre. Será que a frase não tinha significado, ou foi o significado original que foi perdido? Bem, eu deverei ter alguma coisa a mais para dizer com relação a isso, assim que chegarmos à conclusão deste trabalho.

(d) Por que ele deveria ter a ajuda de um Mestre da Cadeira para assegurar alguma probabilidade de achar o que estava perdido? Certamente isto deve significar que o Mestre Instalado conhece alguma coisa que os Mestres comuns não conheciam. Ele deve se referir a alguma coisa maior que uma assistência na elevação do Candidato *a menos* que estivesse de uma maneira inexplicável, relacionada com o descobrimento daquilo que foi perdido? E não é interessante, para que um Candidato seja elevado, tenha que se envolver com *três pessoas?*

(f) O que ou aonde este "centro", o qual indica a localização dos verdadeiros segredos, e qual o significado de se relacionar o círculo com ele? O Centro é justamente o ponto no interior do círculo. Ele é o centro da Loja, o centro do Templo, ou alguma outra localização central? Considerando que no centro das primeiras salas de Lojas existia um pedestal, de tamanho completo ou em miniatura – tal como um que ainda é mostrado no certificado do Arco Real – existe muito mais para se refletir sobre isto. Também a menção do círculo deve ser importante porque de uma outra forma, tendo já chamado a atenção aos implementos de um Mestre Instalado, nós precisamos ser justos e definir bem o centro, como sendo um ponto eqüidistante de cada um dos quatro lados de um quadrado.

(g) O que exatamente significa dizer que o Centro é aquele ponto a partir do qual um Mestre Maçom, ou ao redor do qual os Irmãos não podem errar? E aqui certamente está toda a dedução de "errar", que não é "agir erradamente" mas de "vagar incorretamente"? Quando nós observamos acima a menção deste centro estando próximo da Palavra Sagrada, nós lembramos que o VLS é colocado em cima daquele pedestal central, e no mínimo dois antigos Capítulos do Arco Real que eu visitei, esta ainda é a prática, então nós ainda estamos dando um indício maior de aonde a nossa jornada dentro de toda a Parte do Mestre significa, e quer nos levar.

(h) Por que no encerramento do terceiro Grau existe muito mais ênfase sobre os *segredos substituídos* e a afirmação do Venerável Mestre de que eles servirão para distinguir você e todos os Mestres Maçons, até que os *legítimos* sejam restaurados? Seria que este é um sinal, de que apesar desta Parte do Mestre estar ainda incompleta, existem outras ocasiões, quando o objetivo real da procura do Mestre será recompensada *neste lado da sepultura* da qual neste estágio ele foi figurativamente elevado. Circunstância esta inequívoca de que existe mais para o verdadeiro Mestre descobrir.

(i) Qualquer que seja este Grande ou Real Sinal, que é dado de diversas maneiras, qual é a sua importância para um verdadeiro

Mestre? Se ele for de fato legitimamente o antigo, e não um substituído, diga então por que preservar uma diferença entre ambos os tipos na mesma Cerimônia? Seria muito fácil fugir de uma explicação nesta conjuntura, e eu deverei simplesmente lembrar que será dito mais, quando nós chegarmos na seção (E) mais adiante. Eu acredito que não foi possível estabelecer um Grau de Mestre Maçom legítimo, a menos que ele mantivesse *alguns aspectos legítimos* da Parte do Mestre, mesmo que eles pareçam obscuros para um novo Mestre Maçom.

Tão logo estas questões se apresentaram para reflexões sérias, em vez de ser muitas vezes meros assuntos de recitação irrefletida, que alguém possa estar pronto para admitir, que ao se tornar um Mestre Maçom, é *somente uma parte,* para se tornar um verdadeiro Mestre da Franco-Maçonaria. Há que existir mais. A Parte do Mestre completa, necessariamente envolve um Maçom na descoberta e aquisição de mais instruções e conhecimentos, assim também de como obtê-los. Quais são os elementos essenciais e adicionais da tal Parte do Mestre, o que poderia ser, e com que devemos nos ocupar no corpo principal, que segue.

Deixa-me começar este processo descobrindo de toda a "Parte do Mestre", oferecendo um pequeno comentário sobre uma afirmativa feita pelos Irmãos Knoop e Jones no seu *Early Masonic Catechisms* (p. 25). Eles ali afirmam que a transição do Rito Operativo de c. 1685 para o Rito Aceito de c. 1735 *foi uma evolução gradual.* Eu já fiz algumas observações lembrando este ponto de vista no meu trabalho *The Arch and the Rainbow*, quando eu estava procurando explicar a emergência gradual dos Graus da Marca. Aqui eu quero aumentar estas observações em relação aos Graus básicos da Maçonaria.

A maior parte da discussão que tem acontecido neste século com relação a natureza e estilo da prática da Maçonaria operativa e especulativa primitiva tem sido concentrada sobre se existiu um, dois ou três Graus antes do período 1717-1739. Eu acredito que seria simplificar demais, o que foi um arranjo mais complexo dos estágios "maçônicos" variados nos artesanatos operativos, e que não é possível ver uma relação direta uma com uma, com o que parece ter emergido no ano 1730. Isto é porque eu acredito, Knoop e Jones falaram de maneira tão proveitosa de "uma evolução gradual".

Quando normalmente nós usamos o termo "maçons" (pedreiros), estamos usando um termo guarda-chuva que poderia abraçar e abraçou vários níveis dos trabalhadores em pedra – operários, canteiros, cortadores, esquadrinhadores, cobridores, entalhadores ou moldadores e assentadores. Existiram também duas divisões adicionais – aquelas dos dirigentes ou supervisores (em termos Hebraicos, Harodim ou Menatzchim), e uma distinção é feita entre trabalho angulado ou quadrado dos Maçons, e o Arco ou trabalhos arredondados. A Maçonaria Operativa não foi justamente um monocromo, como muitas vezes nós somos levados a imaginar. A verdade deste fato é que mesmo no século 17 é mostrado em um brasão de armas conservado em Durham, e datado do reinado de Edward IV, o qual representa não somente uma combinação relativa ao comércio da construção, mas também possui dois trabalhadores usando aventais suportando-o, um armado com um esquadro e o outro com compassos.

Não é o objetivo de qualquer parte deste trabalho explicar esta associação, mas resguardar a indicação de que, conquanto, isto não quer dizer que existiam *Graus e Cerimônias* separadas, para estes Graus distintos existia um reconhecimento claro de que ser "Maçom" *automaticamente não admitia você,* em todas estas atividades. Os Aprendizes tinham que ser reconhecidos e registrados, por qualquer procedimento que fosse achado apropriado, assim, até hoje em dia "Aprendizes" em uma Companhia Libré de Londres, têm que passar por um juramento formal, embora abreviado, e também uma cerimônia na presença dos Diretores da Companhia.

Quando admitidos, os Aprendizes dos comércios maçônicos, tinham que decidir, se eles prefeririam fazer trabalhos retos ou redondos, Maçons do quadrado ou do arco, conhecendo bem se eles eram, em algum estágio, os últimos poderiam ter um eventual acesso à posição de Mestre desenhista ou Maçom Arquiteto – e com relação a este cargo, já foi dito o bastante.

E é por esta razão que nós podemos aceitar que existia somente uma cerimônia de admissão, juntamente com um aprendizado posterior apropriado, e um reconhecimento mais formal com o Companheiro ou Mestre do seu comércio. Isto poderia envolver uma Cerimônia, com questões relacionadas com a habilidade e eficiência, e os devidos Sinais e Toques para assegurar a sua aceitação em qualquer lugar, em qualquer Loja similar. Ainda que a ninguém deles se poderia permitir, ou dar-lhes reconhecimento, como Maçom competente, para planejar o local de trabalho, fazer fundações, dirigir os progressos do trabalho, dirigir a Loja ou explicar individualmente aos Obreiros o significado e o propósito daquela seção do trabalho em que eles estavam engajados. Para alcançar a última posição, eram requeridas três coisas no mínimo:

(a) competência reconhecida nos trabalhos no quadrado e no arco;

(b) aceitação formal pelos outros "Mestres Arquitetos";

(c) pronta recepção pelos proprietários/promotores do trabalho que precisavam estar aptos em aceitar a sua "autoridade" e reconhecer a sua competência.

No caso da construção de Igrejas, isto significava que os Abades ou Deões precisavam estar certos de que o Mestre Arquiteto havia tido *instruções completas no simbolismo,* assim como também em treinamento técnico.

Não é de todo surpreendente, de como a arte/artesanal operativa envolveu-se na forma especulativa da Franco-Maçonaria. Estas graduações e variações deveriam ser abandonadas, e adotada uma forma de procedimento mais homogênea.

Como conseqüência disso nós temos (i) o Aprendiz Maçom, (ii) o Companheiro Maçom, o Diarista ou, Mestre (peça) Maçom e (iii) o dirigente em Maçonaria. O que eu acredito, é que apesar de maneira muito resumida, alguma coisa que Knoop e Jones estavam se referindo nos seus comentários sobre "a evolução gradual", e que não é surpreendente, é exatamente o arranjo em que os achamos quando os Maçons operativos e especulativos se encontraram, especialmente na Irlanda.

Em relação ao meu recente campo de estudo especializado – os Graus da Marca – é significativo observar que onde quer que existissem "marcas" diferentes para cortadores, assentadores, entalhadores e supervisores, com algumas pedras possuindo duas ou três marcas sobre elas, para significar a sua origem, a qualidade de aprovação e o local de colocação na estrutura, *somente uma marca* foi adotada para a determinação de cada Maçom Especulativo da Marca.

O que é importante para a minha tese neste ponto, é o reconhecimento de que a decisão de permitir um nível de Franco-Maçom Especulativo, que não era justamente um Companheiro da Maçonaria, mas que não era também completamente instruído, assim como também para ser um Arquiteto dirigente de uma Loja – isto é, um que possuía "toda a Parte do Mestre" – era uma inovação que imediatamente marcou uma distinção entre a antiga Operativa e a nova Franco-Maçonaria Especulativa. Ainda mais, esta "inovação" explica de uma vez por que ali apareceram as anomalias que já foram sobejamente esclarecidas, e que ainda como foram os gentlemen não operativos para que pudessem ser mais facilmente e felizmente integrados dentro do estilo da Maçonaria da Primeira Grande Loja. Eles agora transformaram-se Mestres "nominais", apesar de realmente não estarem de posse da "Parte do Mestre" apropriada. E é para o exame deste último tópico, e do que ele consiste, é que o resto deste trabalho será devotado.

O nosso caminho para uma possível elucidação do qual é o significado da "Parte do Mestre", reside de várias formas da Maçonaria Especulativa do início do século 18, a qual muitas vezes pareceu estar bastante desconectada.

(A) Os mais antigos elementos de um Terceiro Grau
(B) As primeiras Lojas de Mestres e Mestres Escoceses
(C) A Cerimônia de Instalação e Mestres em Geometria
(D) O Grau de "Mestre York"
(E) A Maçonaria Irlandesa e um Grau do Arco
(F) O surgimento da Ordem Real e de Harodim
(G) A Loja "Ben Johnson" e seus trabalhos
(H) A separação do Arco Real.

Nós agora deveremos dar uma olhada muito breve, em cada um destes aspectos da Franco-Maçonaria inicial Inglesa e considerar aonde for possível por que eles poderiam ter retido os elementos que foram previamente entendidos como os componentes da própria "Parte do Mestre".

**(A) Os mais antigos elementos de um Terceiro Grau.**

Nós começamos com uma pequena cópia retirada do Irm∴ Meekren (op. cit., p. 48):

"O que nas nossas formas atuais contidas nos Rituais em todos os três Graus que possuem de verdadeiramente antigo são *a devida forma* do juramento no primeiro Grau, e *o modo* de comunicação da palavra do Maçom no terceiro". É importante, eu penso ser claro, que Meekren *não está dizendo* que o juramento de Aprendiz

Maçom, como ele está ou que as Palavras do Maçom, que são comunicadas na Inglaterra, são mais antigas do que a primeira *"devida forma"*, e do método de comunicação de qualquer Palavra do Maçom, qualquer que ela seja. Eu teria que adicionar que eu penso que ele foi muito seletivo, e que o papel, os instrumentos e a "morte" de um dirigente ou Arquiteto na Maçonaria, a procura do Oriente para o Ocidente, a presença de três dirigentes, o Grande e Real sinal na forma de um Arco, e algumas referências relacionadas com o ponto dentro de um círculo, também necessitam ser incluídas.

Nem tampouco isto é tudo. Se você estiver a par das instruções e alocuções, sem mencionar as Tábuas de Delinear, algumas das nossas Lojas mais antigas, você encontrará algumas características inesperadas. Eu colocarei você na referência do trabalho da Loja "Royal Cumberland nº 41", de Bath, embora seja muita coisa citá-lo por inteiro, existem algumas facetas que não se pode ignorar, para aqueles que estão procurando uma Parte do Mestre mais completa.

a) Além dos instrumentos de trabalho comuns do terceiro Grau, aqui aparece a *Trolha,* que é usada para "um propósito mais nobre e glorioso de que é espalhar o cimento do Amor Fraternal e afeição que deve unir-nos dentro de um laço sagrado ...".

b) A exortação sobre o novo Irmão recém-Elevado "é para corrigir os erros e irregularidades dos Irmãos e Companheiros", "recomendar aos inferiores a obediência e submissão", e preservar como sagrados e invioláveis, os antigos landmarks da Ordem. Isto é o mais próximo que alguém poderia chegar ao se fazer um Mestre Maçom, um verdadeiro Mestre sobre os seus Companheiros.

c) Na ampla instrução deste Grau nós somos apresentados para as três Jóias – a vara de Aarão, o Omer de Maná e as Tábuas de Pedra. Estes são os símbolos da experiência no deserto dos Filhos de Israel, que foram posteriormente colocados na Arca da Aliança no Sanctum Sanctorum do Templo. Na última parte do século 18 estas histórias das escrituras e objetos foram desenvolvidos dentro dos Graus Excelente e Superexcelente que antecipava a admissão ao Arco Real nas Lojas Antigas. Nesta forma particular do Grau de Mestre, até hoje, nós ouvimos estas palavras através do encerramento da Instrução:

*"As cores que nós temos praticado dentro do* Véu

*parcialmente colorido, são entendidas como representantes dos* **quatro elementos**. *A Terra da qual é produzida a fibra têxtil, pode ser considerada como tipificada pelo linho puro. O Mar é representado pela cor púrpura, que deriva a sua origem do peixe murex. A cor violeta é emblemática do ar, e carmesim o fogo, e tudo isto representa* **a perfeição da Maçonaria**". *Vocês deveriam ler ou ouvir toda ela, e vocês não ficarão surpresos com o que ela diz no final. Pode a essência da Virtude guardar como relíquia a sua conduta moral,* **exaltar você** *intelectualmente como a bela Rosa de Sharon e os Lírios do Vale.*

É porque de alguma forma todos os elementos que estão acima ainda existem no atual Grau de Mestre, que nós podemos reconhecer como material para a nossa indagação, mas os segredos *substituídos e* toques, para não mencionar as palavras faladas pelo Venerável Mestre, "até que o tempo ou as circunstâncias deverão restaurar os originais", é a confirmação para nós de que enquanto alguns antigos elementos foram preservados em várias formas, eles não foram de nenhuma forma a sua totalidade.

**(B) As Primeiras Lojas de Mestres e os Mestres Escoceses:**

Hoje em dia o termo "Lojas de Mestres" é empregado para indicar uma reunião de Mestres Instalados em ordem para fazer maiores progressos no conhecimento maçônico. O termo como foi usado de 1730 a 1740 – e aqui nós devemos chamar a atenção deste tipo de corpo nas primeiras referências da Antiga Loja "Dundee" – significando alguma coisa diferente. Esta Loja naquela época se reunia especialmente em um domingo até 1737, e ocasionalmente em residências particulares, para "passar" ou posteriormente Elevar Irmão para a classe de Mestre Maçom. W. J. Hughan, em seu trabalho embrionário *The Origin of English Rite,* 1737, coloca o assunto da seguinte forma:

> *A minha opinião é que as "As Lojas de Mestres" descritas, contam com dois tipos de reuniões. 1ª. Lojas que trabalhavam o Terceiro Grau em certos dias de cada mês, e 2ª. Lojas que se reuniam somente com Mestres Maçons. No processo do tempo, algumas das Cerimônias da primeira classe aparentemente resguardaram o Terceiro Grau, como aqueles da última classe (pouco menos)*

*fizeram as cerimônias anteriores, (e) assim nasceu o costume de procurar certas Lojas que trabalhavam o Ritual de Mestre Maçom, a partir daí as "Lojas de Mestre", apesar de todas elas possuírem o mesmo direito de trabalhar aquela Cerimônia ... Em tempo, e com certeza não muito depois de 1740, o Terceiro Grau foi mantido bastante separado de algumas Lojas originárias... como se fosse totalmente independente de uma Loja regular.* (p. 54)

Este foi um desenvolvimento natural depois da inserção da Lenda Hirâmica, como substância de um Grau separado lá pelos anos 1730, apesar de que não se deve assumir que as Cerimônias conduzidas nestas Lojas de Mestre eram exatamente réplicas do padrão geral aceito hoje em dia – e que existem aqueles que questionam mesmo se aquelas afirmativas qualificadas e suaves são estritamente corretas.

Bernard E. Jones, por exemplo, introduziu este aviso:

*"Deve ser lembrado, entretanto, que existiram quase que com **certeza destacadas divergências entre as várias Lojas** ... Em geral, vamos dizer, uma Loja de Mestre era confinada em si mesma ao trabalho de um Grau que fazia Mestres, e não se preocupava com Iniciação de Candidatos" (Freemason Guide and Compendium, p. 252)* nem tampouco com aquele assunto de Instalação.

Ainda que existiram outros, com pontos de vista mais marcantes, Ivor Grantham comentando o trabalho de Bernard Jones sobre as Lojas de Mestres, escreveu isto:

Eu ainda mantenho uma leve suspeita que o *elemento* do Arco Real foi emprestado do trabalho esotérico das "Lojas de Mestre" e para dar suporte a este ponto de vista, ele se referiu primeiramente ao primeiro selo da Primeira Grande Loja. É peculiar que a impressão a qual ele menciona é também sobre o documento usado para constituir a Loja nº 41 de Bath. Ele nos diz que considerando o desenho das armas era principalmente o daquele da Companhia de Maçons de Londres, o seu motto (lema) "In Lord is all our trust" foi substituído pelas palavras gregas "EN ARXH HN O LOTOS" (In the begining was de Word). Por que eles fizeram isto? Não é possível que aqueles que foram responsáveis por esta importante escolha destinada a perpetuar no selo oficial da Grande Loja, *velou a evidência* de uma característica essencial do sistema maçônico do período? Se esta suposição está correta, aonde o sistema maçônico daquele período poderia ter praticado o elemento do Arco Real, se ele não estava dentro dos laços apertados dos portais da Loja de Mestre?

Bastante à parte de todo o desafio em se transformar os Companheiros Maçons dentro da irmandade do novo Grau Hirâmico, não existe também um outro assunto que parece ter sido descuidado? Será que nós não deveríamos fornecer a pergunta do que aconteceu com aqueles Grandes Oficiais, que de 1730 em diante, não eram mais os guardiões especiais daqueles segredos que haviam até então sido somente comunicados *por eles* ao Mestre Eleito? Será que eles simplesmente determinaram para o novo Grau de Mestre Maçom, ou qualquer um que seja a mais, ou que possivelmente conhecendo que existia mais para ele, do que foi ali revelado, será que eles possuíam outros arranjos? É aqui que Ivor Grantham continuou para fazer uma sugestão realmente plausível?

"A alusão foi feita", ele escreveu "a tendência das primeiras Lojas de Mestres se encontrarem *aos domingos e em salas particulares*. Foi em um domingo, 1º de janeiro de 1735, que três convidados do Duque de Montagu foram feitos "Capitulares" (sic) pelo Dr. Desagulier em uma reunião da Loja que aconteceu na Livraria particular do Duke em Ditton (Surrey), em uma ocasião quando o Dr. Desagulier e um companheiro convidado chamado Hollis, foram posteriormente afirmados serem "superexcelentes em suas diferentes maneiras". Seria muita pretensão sugerir que esta reunião de 1735, foi uma reunião de uma Loja de Mestres e que eles possuíssem os elementos do Arco Real?"

Se ela não foi uma Loja de Mestres, teria sido ela talvez alguma outra espécie de reunião que agora fornece para Maçons seletos ou Grandes Oficiais, aquelas seções da Parte de Mestre, que não poderia ser permitido dividir? Acontece que existiu naquele mesmo momento um desenvolvimento maior que poderia vir de encontro àquele requisito alternativo. Foi a presença nas Lojas de Mestres daqueles que eram chamados "Maçons Escoceses".

Nós começamos em uma lista de Lojas de Mestres de 1733, com uma Loja nº 115, que se reunia na Devil Taver, Temple Bar, que era chamada de uma "Loja de Maçons Escoceses" (Jones p. 254) e em 19 de outubro de 1746, e nós lemos nas Atas de uma Loja de Salisbury, "Que nesta Loja foram feitos Maçons Escoceses cinco

Irmãos da Loja – incluindo o V.M." (F.H. Goldney, *History of Freemasonry in Wiltshire,* 1880, p. 101). O Irm.·. Hughan nos diz que "Entradas posteriores de caráter similar, também foram descobertas em outros registros" (p. 138 – op. cit.).

Hughan não foi então mais explícito, mas Bernard Jones chegou com o socorro. "O Grau misterioso conhecido como "Scots Master", é mencionado nas atas de algumas Lojas em 1730 e daí por diante (op. cit. p. 255) e ele fornece a seguinte Ata de uma Loja de Mestres em Bath, que em 1735 se reuniu extraordinariamente e a nossa evidência mais forte com relação à Loja "Antiguity", em junho de 1740: "Os nove membros seguintes ... foram nesta tarde feitos Mestres Maçons Escoceses ..." e ele comenta: "Como muitos, senão todos, daqueles que entraram eram Mestres Maçons, o Grau de Mestre Escocês *deveria ter sido alguma coisa diferente* do Grau que eles já haviam recebido" (AQC 67 p. 16). "Da mesma forma", ele acrescenta, "que o Grau Escocês foi anterior tanto do Arco Real como do Grau da Marca" – possivelmente dos dois.

O que poderia particularmente chamar a nossa atenção, é o fato de que aqui existia um Grau de Mestre, que manifestamente foi mais longe do que o Mestre Maçom comum, e sobre a evidência de Salesbury, mesmo levando alguém além do passo do Mestre Instalado. Certamente existiram características conectadas com os Mestres Escoceses, que transmitem uma mensagem clara, que foram observadas pelo Irm.·. Gould na sua *History of Freemasonry* (Vol. 3, p. 92).

> *Os Mestres Escoceses eram tidos de todas as formas superiores ao Mestre Maçom, por estarem de posse da verdadeira história, segredo e desígnios da Franco-Maçonaria, e por possuir vários privilégios, dos quais poucos podem ser mencionados. Eles usavam vestimentas diferentes, permaneciam cobertos em Lojas de Mestre, e em qualquer Loja, mesmo como visitante, em Grau abaixo de V. M.. Em qual momento ele poderia pessoalmente conferir, com ou sem cerimônia, os segredos dos Graus de Aprendiz Maçom, Companheiro Maçom e Mestre Maçom. Se ele fosse membro de uma Loja, ninguém além de Mestres Escoceses poderiam julgar a sua conduta... E os Irmãos Escoceses poderiam também decidir sobre todos os assuntos e doutrinas do Ritual.*

O que parece claro, é que desde que eles foram reconhecidos como Mestres, e que tinham no mínimo estes privilégios, eles estavam obviamente de posse do conhecimento e das práticas que não eram reveladas ao Mestre Maçom comum – e mais, eles eram também chamados de Mestres.

Como Bernard Jones também disse no *Freemason's Guide and Compendium* (p. 255), este Grau é ainda um grande tópico circunscrito pelas conjeturas, mas poderia mesmo ser, como o Irmão Hughan sugeriu no seu livro *Origin of the English Rite* (p. 138), que estes Maçons Escoceses eram membros daquele corpo que possuíam o nome de Escoceses, e para o qual devemos nos dirigir à seção F logo mais adiante? Eu estou bastante convencido de que eles poderiam ter sido, e se for assim então que materialmente aumenta a controvérsia de que a Parte do Mestre incluía muito mais do que o Grau de Mestre Maçom.

**(C)** ***A Cerimônia de Instalação e os Mestres Geométricos:***

A contribuição mais importante nas nossas Transações para esta parte da minha tese é o trabalho feito pelo Irm∴ Norman B. Spencer (premiado com o Prize Essay) sobre "A Cerimônia de Instalação" (AQC 72). No curso do seu argumento e nos comentários que se seguiram, diversos fatores significantes são esclarecidos.

O primeiro é que na ocasião da *Constituição* de 1723, e portanto presumivelmente em um período anterior àquela data, existiu no mínimo na ocasião da formação de uma nova Loja, alguma Cerimônia especial, com um Sinal ou Sinais, Palavra e Toque, que era *somente* para ser comunicado para um Maçom, que era para assumir a posição de "Mestre encarregado de uma Loja de Companheiros". Se nós acreditarmos na contribuição feita aqui pelo Irm∴ Parkinson, esta seria ainda uma outra conexão direta com a prática operativa do passado. Ele escreve:

> *Eu gostaria de relembrar a sugestão trazida à tona pelo falecido Irm∴ Knoop em conexão com a origem do Grau do Arco Real de que as Lojas Operativas na Escócia poderiam ter tido segredos peculiares aos seus ofícios, pelos quais eles poderiam estabelecer as suas "bona fides", por ocasião das freqüências às reuniões distritais* (p. 19).

Um segundo fator é aquele conquanto *entre os modernos*, da assim chamada "Instalação", não se tornou uma característica regular de Lojas (Craft) Operativas particulares, até a última parte do século 18, é bastante esclarecido *pelos antigos* como um passo essencial para o que eles consideravam ser o verdadeiro "coração e a medula da Franco-Maçonaria". Mesmo se este tipo de Cerimônia não fosse considerado, *mesmo pelos antigos* como um *Grau* mais avançado, o seu *assunto* era ainda reconhecido como essencial, para que um Maçom fosse considerado pronto para adquirir o conhecimento completo da "Parte do Mestre".

Mesmo que o "sigilo" natural daqueles dias nos tenha impedido de sabermos exatamente a que se referiam estes "gestos", "palavras e segredos", e do que seriam certas coisas, está evidente. Estes itens recentemente comunicados, deveriam ter sido *adicionais* a qualquer coisa que o novo Mestre Maçom estava permitido a adquirir na sua Cerimônia Hirâmica, porque, mesmo apesar das Lojas dos Irmãos do século 18, quase que com certeza permaneciam na mesma sala que o Irmão que ia ser Instalado, todos, excetuando-se aqueles que já estavam "instruídos", estavam aptos para ver ou ouvir o que era comunicado. Como isso era feito, ainda está preservado no costume observado nas Lojas das partes Nordeste e Ocidental do país, aonde antes da Instalação atual os Past-Masters que estavam presentes formavam um semicírculo em volta da Cadeira do Mestre no Oriente. Hoje em dia este ato é simplesmente uma relíquia da prática tradicional (tristemente muitas vezes não entendida), mas nos dias passados era assim que os outros que permaneciam no Ocidente, estavam impedidos de ver o que estava acontecendo. Chetwode Crawley foi copiado por Spencer da seguinte maneira:

> *"Durante a comunicação das Instruções Secretas para o novo Mestre (Irlandês), não era pedido aos Irmãos para se retirarem da sala da Loja, mas eram levados para o Ocidente e permaneciam atrás do pedestal do 1º Vigilante, aonde eles ficavam com os rostos voltados para o Ocidente".* A volta para o Oriente para a prece, é quase com certeza derivada do mesmo propósito original.

Um terceiro fator é aquele que, seguindo a dissolução da "Cerimônia de constituição e instalação" das reuniões da época da Primeira Grande Loja, não havia uniformidade dos detalhes das palavras usadas da alocução ao novo Mestre – e por conseqüência, também para os Vigilantes e Oficiais. Na edição da *Constituição* de 1738, nós lemos o seguinte no encerramento da seção da Cerimônia de Instalação:

> *Este é o resumo, mas não a totalidade do Cerimonial, que os Grandes Oficiais podem* aumentar ou abreviar ao prazer, *e explicar coisas que não são próprias para serem escritas.*

O Irmão Spencer adiciona o comentário: Poderia ser esta razão pela qual a Cerimônia não se difundiu para as Lojas individuais? Foi muito difícil incentivar, sem haver disposição para tal. Não foi assim, ainda mais porque Laurence Dermott, quando desejou incentivar o uso da Cerimônia de Instalação nas Lojas dos Antigos, escreveu ao Grande Secretário na Irlanda solicitando assistência para a produção nos últimos perfis das Alocuções que deveriam ser dadas? Existiram certamente aqueles que acreditavam que o que se seguiu na Inglaterra, e que ainda é preservado em alguns lugares com sendo o "trabalho interno completo" de hoje em dia, foi o resultado dos ricos ornamentos dos tais acabamentos de Dermott.

O ponto essencial aqui, é que enquanto poderia muito bem ter existido variedade na forma dos "segredos" transmitidos em determinados momentos, um fato permanece: que um compromisso era sempre tomado *para preservar qualquer segredo,* que poderia ser comunicado para o Mestre a ser Instalado. Quando Eric Ward, depois de um exame completo das Lojas Modernas em Bristol, antes das afirmações de 1750 (AQC 71, p. 89), que "é virtualmente certo, que nada de esotérico teve lugar nestas primeiras Cerimônias, que poderia ser dividido com os Mestres Maçons", alguém desejaria perguntar se um Irmão perspectivo e sábio sem nenhum tipo de compromisso era tomado ou não havia realmente nenhuma distinção feita na Cerimônia, entre os Mestres Maçons e os Past Masters, porque ao Mestre eleito não era dado nenhum segredo distintivo adicional? Se foi assim, por que lá pelos anos 1770 a prática de Bristol removia os Past Masters e o Mestre Eleito para uma outra sala adjacente?

Um quarto fator, é um daqueles que eu acredito foi muito claramente lembrado nos últimos quarenta anos, é o fato que foi, na Irlanda, preservado aquilo que foi considerado uma prática inglesa normal de instalação. Por causa disso Chetwode Crawley pôde escrever: "Uma prova contundente da fidelidade com a qual a Grande Loja da Irlanda deu a sua adesão aos antigos costumes, será achada no fato que, se a rubrica de Anderson foi literalmente observada até hoje, nenhum Irmão Irlandês poderia observar qualquer diferença séria do nosso trabalho atual, excetuando-se um em particular, aonde o *Simbolismo do Arco,* sugerido por Anderson, desde quando se desenvolveu em um Grau separado. Mesmo o detalhe mais insignificante de incluir a instalação do Mestre sob o cabeçalho geral da "Constituição de uma Nova Loja" seja ainda preservada (copiado de Spencer, op. cit., p. 105). O significado da referência ao Arco tornar-se-á claro, quando nós chegarmos à seção *E*.

Ademais, nós temos o testemunho de Lopper e Crossle na sua *History of the Grand Lodge of Ireland,* de que "o Grau da Cadeira com a sua cerimônia esotérica, existiu na Irlanda desde os tempos imemoriais. Ela foi *mantida viva* naquela ilha depois de ter sido oficialmente descartada pela Mãe das Grandes Lojas na Inglaterra. Quando a Grande Loja dos Antigos foi formada na Inglaterra em 1751, *em respeito a este Landmark,* assim como também a muitos outros, ela reintroduziu a prática irlandesa" (Spencer, p. 104). Realmente, como Eric Ward novamente deixa claro em seu comentário sobre o trabalho de Bernard E. Jones "Passagem da Cadeira" (AQC 70 p. 46). Eu sugiro que a evidência documentaria sobre esta publicação em particular, pode seguramente ser tomada pelo seu valor nominal, isto é, em 1723 *já existia* uma cerimônia estabelecida *de uma espécie* na qual então, como agora, não formavam uma parte necessária, do conteúdo hirâmico, e nem tampouco era feita qualquer referência à 47ª Proposição de Euclides. Isto sem dúvida alguma, geralmente não era praticado pelos "Modernos", na primeira metade do século 18º, mas o fato dela ter sido resguardada pelos "Antigos" (sic) poderia muito bem ser porque ela foi um daqueles muitos costumes que eles *acusaram os seus rivais de haverem retirado.* Ele era para eles um costume que afetou a própria apreciação da Parte do Mestre.

Apesar de não desejar estender indevidamente esta seção, existe um outro assunto ao qual a nossa atenção necessita ser direcionada. Eu me refiro ao termo "Mestre Maçom Geométrico" (Geometric (k) Master Mason). Conquanto admitimos prontamente que o seu uso ocorre mais a partir da segunda metade do século 18, e que ele está relacionado com a frase "Mestre das Artes e das Ciências", conferido a um Irmão por ocasião da sua Instalação, a origem do termo e o seu conteúdo traz à tona a primeira controvérsia que conquanto um Mestre Maçom possuía tal conhecimento como foi colocado na trilha da Parte do Mestre, a simples posse do terceiro Grau não o intitulava na participação do todo.

Um primeiro uso do termo, é aquele empregado pelos Irmãos da Loja "Ben Johnson" em Spitalfields (ao qual nós deveremos dar maior atenção na seção *G*), que se reunia por volta de 1739, e eles deram ao terceiro Grau o nome de "The Geometrick Master", e como nós deveremos ver, este título conferia ao seu proprietário uma marca ou selo deste tipo de "conhecimento" maçônico que o intitulava a prosseguir na complementação das suas pesquisas. Para entender o contexto dessa afirmativa, é importante ouvir o que era dito naquela Loja para um novo Companheiro.

Dos conteúdos da Escritura Sagrada, que neste momento eu lerei para você, deve-se perceber que a *ciência da Geometria* é essencialmente necessária para constituir *um Maçom expert,* porque é tão magnificente e glorioso um edifício, que ele não poderia ser erigido sem um completo conhecimento de *arquitetura*, a qual é a ciência fundada sobre as bases da Geometria.

Sem a Geometria, como poderiam as pedras e os madeiramentos estarem tão esquadrinhados e preparados nas pedreiras e nas florestas, para serem colocados em seus respectivos lugares quando eram levados para Jerusalém? Se você gostaria portanto de avançar nas *artes e nas ciências,* deixa-me recomendar-lhe com insistência, para dar maior atenção à ciência da Geometria, mais do que até agora tens feito.

Ela oferece muitos assuntos para a meditação sobre a sabedoria, poder e bondade do Grande Arquiteto do Universo, que acima de tudo *criou todas as coisas pela sua Poderosa Palavra* (Rev. Dr. George Oliver, *Origin of the Royal Arch Order of Masonry,* 1867, p. 84).

Foi de uma maneira estranhamente similar que o termo foi aplicado mesmo entre os Modernos, em um estágio posterior do século, e o Dr. Oliver nos diz (pp. 45ff) que "mesmo depois do Grande Capítulo ser formado, foi somente necessário produzir um certificado de que o solicitante era um "Mestre Maçom Geometrical", para intitulá-lo a ser *passado* ao Arco Real; e o Candidato era de maneira privada *passado pela cadeira,* como cerimônia preliminar, um costume que foi usado até a União. É interessante também sabermos que este antigo Manuscrito menciona que um Candidato, para dar este passo, teria que ter normalmente vinte e cinco anos de idade.

Como se fosse um passo na direção da prática atual para permitir aos Mestres Maçons, depois do devido intervalo, solicitar sua entrada no Santo arco real, a prática de se fazer o Mestre Maçom Geométrico, era intrigante. Não era entretanto um requerimento óbvio para adicionar a penetração na Parte do Mestre, insistindo com o Candidato para se tornar um Past Master virtual.

**(D) O Mestre York:**

No livro do Dr. Fifield d'Assigny de 1744, *A Serius and Impartial Enquiry*, nos é dito de "um certo propagador de um falso sistema poucos anos atrás [isto é, cerca de 1740] nesta cidade de *Dublim* que impôs sobre diversos Irmãos de valor, com a pretensão de ser *Mestre do Arco Real* que ele afirmou ter trazido com ele da *Cidade de York;* e que as belezas da Maçonaria (Craft) *consistiam principalmente do conhecimento desta valiosa peça da Maçonaria".*

O que é bastante surpreendente, é que esta afirmação do que York era, foi pouco depois contradita por um visitante subseqüente que veio de Londres, e que havia freqüentado e recebido esta "excelente parte da Maçonaria" e provou que a primeira afirmativa era falsa. O que isto quis significar em termos simples, é isto. Já na cidade de York - aonde, deixe-me lembrá-lo, existiu uma Grande Loja, no mínimo desde 1725 - eles pensavam que ao tornar-se um Mestre Instalado *você recebia o Arco* (se isto era o Arco Real ou alguma coisa a mais, nós deveremos examinar na próxima seção). Em Londres eles afirmavam que isto não era necessário, como o Grande Secretário da Primeira Grande Loja, ainda estava apto a afirmar em 1755, "Nós não somos *Arco, Arco Real* e nem tampouco Antigos ..." Foi em York - mesmo em algum outro lugar no Nordeste - que esta diferença já existia lá por 1740.

Nesta conexão Philip Croole faz a seguinte observação:

> *Como é bem conhecido, o Dr. Francis Drake, quando foi Segundo Grande Vigilante (da Grande Loja) de toda a Inglaterra, uma alocução para a cidade de York no dia de São João, em 27 de dezembro de 1726, na qual ele deixou implícita a existência de três Graus, o mesmo que Pennel ...logo abaixo na mesma página, Drake se refere à construção do Templo de Salomão, e os reparos feitos nele*

*pelo Rei Josiah, e a sua reconstrução feita por Zorobabel – assim – ao mesmo tempo, não poderia ter existido muita diferença entre a prática da Maçonaria de York e de Dublim* (op. cit. 1923, vol. 1, p. 210).

A ligação entre York e Dublim não era uma coincidência. Ela foi uma expressão de uma antiga e longa ligação, que não pode ainda ser explicada aqui. O elo, entretanto, e a ligação, que ambos se referiam como sendo "antiga Maçonaria" não eram mais do que duas as razões pelas quais a última afirmação de Dermott de que a Grande Loja de toda a Maçonaria da Inglaterra da cidade de York possuía a qualidade especial, e como conseqüência disso a sua afirmação do título de "Antiga Maçonaria de York" para o que era praticado nas Lojas Antigas.

Ainda mais a Grande Loja de York considerava o Arco Real como um quarto Grau na Franco-Maçonaria ou Cruz Vermelha da Babilônia como a sua seqüência. Em adição, como já foi mencionado, eles tinham uma forma de *cerimônia do Arco* a qual foi primeiramente toda a parte do Mestre da Marca na Inglaterra e Gales, mas que posteriormente foi ligada com o trabalho do Arco Real. Para registro, uma forma de Sumo Sacerdote também foi inserida na seção dos Cavaleiros Templários.

O que está patentemente óbvio, entretanto, e que parece que não havia sido incorporado anteriormente, é que aqui, no verdadeiro coração da antiga Maçonaria, existiam as expressões de uma Parte do Mestre composta e diferente, que ligava a Maçonaria com o Arco Real.

Nem tampouco este é o final da história. O que aconteceu em York, havia também acontecido *na Irlanda* desde no mínimo 1740, e existe mais uma passagem no livro de D'Assigny de 1744 que é reveladora. Ele escreve:

*Eu não posso ajudar informando aos Irmãos, que ali chegou posteriormente nesta cidade [novamente Dublim] um certo Maçom itinerante, cujo julgamento (como ele declara) é tão iluminado, e cujas óticas [isto é, olhos] eram tão fortes, que elas podiam transportar os raios mais lúcidos do meio-dia, posto que estamos satisfeitos com os três passos materiais para aproximarmos do nosso Summum Bonum, o Deus Imortal, e ainda ele informou-nos que ele pode adicionar três vezes, que quando devidamente colocado, ele poderia elevar-nos ao mais alto dos céus.*

D'Assigny não diz desta forma, mas alguém poderia imaginar se este Maçom itinerante era um daqueles que este autor irlandês também descreve:

*Eu estou informado [que] naquela cidade de [York] aconteceu uma assembléia de Mestres Maçons denominada de Maçons do Arco Real, que por causa de suas qualificações e excelências, são superiores aos outros, e eles recebem maiores salários do que os outros.*

Você pode muito bem ser perdoado por pensar que na antiga York o conceito da Parte do Mestre, estava em uma outra dimensão.

## (E) A Maçonaria Irlandesa e o Grau do Arco

Na sua capacidade de Bibliotecário da Irlanda, o Irm.·. Philip Crossle descreve como ele achou entre um certo número de Manuscritos que foram abertos, uma lista de Graus na metade do século dezoito, trazidos à tona pelo decano dos estudiosos do Ritual Irlandês, o Irmão John Fowler. Esta lista revela que um simples arranjo realizado por Pennel por volta de 1730 (que vimos anteriormente), agora se desenvolveu em outras categorias, das quais as primeiras duas são:

1. Entered Apprentice, Fellow Craft, Master; e
2. Past Master, Excellent Mason, Super Excellent Mason, *Arch Mason,* e Royal Arch Mason.

Deve ser entendido de uma vez por todas que a dificuldade ao se interpretar os usos e costumes irlandeses, é que nós somos naturalmente inclinados a querer aplicar aos termos usados no século 18 todas as características que são investidas nos termos de hoje em dia. Para ser específico, a palavra "Arco", que foi usada para descrever algumas das práticas daquele tempo, não era de nenhuma forma similar ao "Arco" que nós podemos estar pensando dela, nem tampouco era exatamente a mesma cerimônia do Arco Real, com a qual agora nós estamos familiarizados. O assunto poderá, eu espero, tornar-se mais claro assim que nós prosseguirmos.

Em seus artigos para as *Transaction* (assuntos, negócios), a Loja de Pesquisas Irlandesa "Philip Crossle" (especialmente em 1923) forneceu a evidência, principalmente de fontes locais, para certas teses importantes.

A primeira destas, foi descrita como se segue:

> *Eu nunca estive apto para aceitar o argumento, trazido à tona por muitos estudiosos maçônicos, que a sublime filosofia do que agora nós chamamos Maçonaria do Arco Real, era uma invenção. Certamente nós precisamos admitir que, de uma forma* ***modesta****, a filosofia deveria ser conhecida pelos nossos Obreiros antigos. Eu me esforçarei para demonstrar que ela era conhecida de Anderson e de Pennel,* ***sob o nome de Parte do Mestre****.*

O que Crossle prosseguiu afirmando foi que durante o intervalo de 1730-44, entre as publicações dos livros de D'Assigny e de Pennel, os Irmãos Irlandeses se contentavam com *"três passos materiais"*, o terceiro dos quais a parte do Mestre de Pennel, sem dúvida incluía a doutrina atual do nosso A. R. Irlandês, ou que Crossle em algum outro lugar chama de lenda "J" do Arco Real; e conclui os seus pensamentos sobre este desenvolvimento das observações dos estudiosos Irlandeses:

> *"[Até cerca de 1750] a Parte do 'Mestre de Pennel' incluiu as essências de uma cerimônia subseqüentemente elaborada dentro do nosso atual Mestre Instalado Irlandês, Arco Real, e Mason Red Cross".* A mudança de nomes que aconteceu em algumas Lojas de Dublim depois de 1744 foi:

1. Entered Apprentice e Fellow Craft (um Grau), muitas vezes referido como "Entered e Crafted";
2. Master Mason.
3. Royal Arch.

Ele descreve como "Em um determinado momento, as Instruções Maçônicas eram transmitidas em trabalho de uma Loja Maçônica Irlandesa, para ilustrar qual tapeçaria e cartas eram penduradas sobre a parede ...". Infelizmente nenhum manuscrito irlandês sobreviveu do que poderia ser o texto das instruções, mesmo se existiu alguma no tempo quando os Rituais não eram escritos.

Isto é claro, ainda é o caso, de quase a totalidade da Maçonaria Irlandesa de hoje em dia.

A nossa tapeçaria irlandesa e cartas variam muito nos seus emblemas que são mostrados; as instruções não eram alguma coisa mais do que estereótipos. Uma tábua de delinear padrão, com as suas instruções apropriadas, eram desconhecidas nas Lojas

Irlandesas. Parece-me que as instruções tomadas para os seus textos, alguma parte da história tradicional era feita sobre assuntos bem conhecidos para eles; e eventualmente o texto com a sua explanação deve ter sido incorporado como um dos Graus subsidiários deste período.

Nós temos livros de atas que contêm assentamentos como este, "foi dada uma instrução". Isto implica em um exame feito por meio de perguntas de um outro Irmão, e respostas por outro, e assim prosseguiu ao redor da Loja. (mas) Eu penso que uma instrução genuinamente irlandesa "que passou por todos" nunca achou o caminho para ser impressa.

> *Para a minha cabeça, não existia nada de novo para a Maçonaria (Craft) na multiplicação de Graus ... As lendas que pertenciam a eles são bem conhecidas. A inovação reside na aplicação de nomes familiares para as partes componentes dos Graus antigos, e das instruções, e desta maneira os Graus específicos subsidiários foram formados.* (Crossle. Op. cit., pp. 224ff.)

Diversos exemplos da espécie de tapeçaria de Loja, que ajudaria a processar a "instrução", têm sido reproduzidos, e todos eles mostram um arco com a sua pedra mestra em grande proeminência. No tapete de Lurgan, esta característica é firmemente coberta com uma pedra polida de cobertura, a qual é uma Pedra Cúbica, Nível e Compasso (Crossle, op. cit., p. 193). No tapete da Loja militar Nº 205, de cerca de 1770, a pedra mestra é gravada com o monograma do Grande Acampamento Irlandês, o "Arco Maravilhoso" é suportado por quatro pilares, as velas da Arca de Noé estão triunfantes de um lado. Em ambos os tapetes, a Trolha está claramente indicada.

Dentro deste tipo de esquema o desenvolvimento da Maçonaria na Irlanda nos convém saber que a partir de cerca de 1725 em diante um destes "elos" subsidiários estava sendo trabalhado. Ele foi chamado de "Arco", apesar de que era requerida somente uma breve cerimônia antes de prosseguir como o terceiro Grau do Arco *Real* em si mesmo. O provável instrumento deste "Grau" era a Trolha, e nesta conexão Crossle nos dá uma ilustração bem contundente.

*"Quando Lord Rosse foi Instalado Grão-Mestre da Irlanda em junho de 1725, o Mason King at Arms ... carregava sobre uma Almofada de Veludo uma pequena Trolha de Ouro com uma Fita*

*Preta ... marchava em Ordem diante dos Grandes Vigilantes para o final superior do Grande Palácio, onde ficava a Tábua* ***Mística****"*. Depois de ser proclamado, ele era investido com a Trolha e lhe eram dirigidas algumas palavras como estas: "Não duvidamos da Capacidade e Cuidados para preservar o Cimento da Loja, e assim espalhá-lo para que todo o Corpo possa permanecer como *"um Arco bem construído"*. A tapeçaria anteriormente mencionada possuía estes sentimentos escritos sobre os seus respectivos arcos, e o mesmo desenho aparecia sobre o frontispício de ambos os *Livros de Constituição* de Anderson e Pennel. E Crossle conclui:

> *Até aonde a Maçonaria Irlandesa está relacionada com o simbolismo da Trolha, foi perdido de vista, porque o Grau do Arco subseqüente ao qual ele é aplicado ... foi* ***renomeado e a própria lenda passou além da nossa memória*** (op. cit. p. 182).

A Cerimônia parece que foi centrada sobre o Candidato, colocando a pedra arco ou pedra mestra (chave) dentro de um arco incompleto, que era suportado por dois pilares colocados fora do piso do Templo, com a Arca da Aliança colocada embaixo dele (a). Sobre a pedra mestra estavam gravados certos hieróglifos e um possível guia daquilo que poderia ser o sugerido por Crossle, que reproduz o desenho do primeiro certificado feito por um gravador na Loja 620 (I.C.) depois de 1788. Neste documento a porção central é ilustrada pelos seguintes itens, começando com o rodapé da página:

> *Um degrau para "Entered e Crafted", mostrando não somente as três grandes e pequenas luzes, mas também a pedra bruta e a polida e a proposição de Euclides sobre a pedra polida.*
>
> *Dois degraus para o Mestre Maçom, com os três principais instrumentos de trabalho, e com o Compasso suspenso sobreposto pela letra* ***G.***
>
> *Três degraus para o "Passed the Chair" (Passado pela Cadeira) mostrando uma tábua branca e preta com quadrados de três em três, com uma espada reta colocada em diagonal sobre ela, e duas mãos entrelaçadas sobre um OLHO QUE TUDO VÊ.*
>
> *Quatro degraus para o Excelente, com uma vara enlaçada por uma serpente, e uma mão estendida segurando um Malhete.*

*Seis degraus para um "Arco bem construído" acima de uma cripta escura, e no alto dos degraus está a Arca da Aliança com os Querubins estendendo as suas asas fazendo um arco sobre ela.*

*Encerrando a Arca está o Arco com a sua pedra mestra* ***com todas*** *as suas pedras possuindo letras.*

*Sétimo: Acima da Arca está o pavimento mosaico branco e preto com duas filas de três colunas frontais e entre elas está a "Gloria", dentro das quais estão certas letras em* ***cipher*** *maçônico* (op. cit., p. 237).

É quando nós entendemos o passado grandioso da Maçonaria Operativa da Irlanda, é que começamos a apreciar algumas das referências extraordinárias citadas até aqui, que todos nós encontramos na nossa leitura maçônica.

Aqui finalmente nós podemos começar a compreender o evento memorável que foi registrado no Faukner's *Dublin Journal*, em janeiro de 1744. A procissão de Youghal com a sua "Arca Real" carregada por dois *excellents Masons*, e seguidos pelo Mestre "com todos os implementos apropriados, com sua *Vara* dourada; seu Adjunto a sua esquerda com o Esquadro e o Compasso" [sic] não poderiam com certeza deixar-nos por muito tempo na perplexidade. O arco era aquele que apareceu em todas as Cerimônias de Instalação, e aqueles que aqui a executavam, dois Past Masters conheciam o seu significado próprio. Os "implementos" seriam os itens de um arquiteto dirigente, a linha e o lápis, juntamente com a Trolha, que era usada para cimentar o arco da Loja. Nós não estávamos na presença do Arco *Real,* assim como muitos dos eminentes predecessores da Loja "Quatuor Coronati" afirmaram corretamente, apesar de que um Mestre Irlandês e seus "excellent companios" já deveriam estar de posse desta seção da Parte do Mestre, que continha o que é hoje em dia a essência da cerimônia do Arco Real Irlandês.

Posteriormente, em 1759, William Carrol, um Maçom Irlandês, solicitou ajuda (caridade) à Primeira Grande Loja em 1759, sob a alegação de ser um Maçom Inglês (se Antigo). O seu pedido foi recusado pelo Grande Secretário, alegando que a "Nossa Sociedade não era *Arco*, Arco Real e nem tampouco antiga, assim você não tem o direito de participar de nossa caridade". Nós agora podemos entender melhor esta resposta se reconhecermos que ela confirma um *entendimento,* ou se também uma distância, desta seção separada da Maçonaria, no próprio reduto nos "novos" especulativos.

Mesmo anteriormente, 1757, Laurence Dermot explicou como o seu "Mestre do Arco Real" incluiu alguma Cerimônia simples chamada o "Arco", que estava relacionada com uma Marca. Ele também mudou a última linha de uma canção que primeiramente apareceu na *Constituição de Spratt,* em 1756. Assim, o quarto verso agora é o seguinte:

*A Arte Real, e Palavra*
*São guardadas na memória,*
*Com os corações retos e puros,*
*Enquanto o sol e a lua durarem;*
*Não escritos, mas* ***gravados sobre***
*O coração de cada Maçom do* ***Arco.***

Como se fosse para a nossa própria Instalação, é justamente quando poderíamos imaginar que toda a conexão com a primeira Parte do Mestre da Primeira Grande Loja, que havia sido perdida, e que nós levantamos as nossas armas em cima do semicírculo, e nos lembra do arco do Templo do Salomão completo e da arca das asas dos querubins sobre uma Arca da Aliança invisível.

**(F) A Ordem Real e o Harodim:**

Qualquer um que desejar estudar com mais profundidade a prática maçônica conhece agora como a Ordem Real da Escócia pode fazer o mesmo, com a ajuda de livros bem pesquisados e consecutivos de Robert Londsay e George Draffen. O que eu tenho que fazer aqui, é indicar que alguns dez ou vinte anos antes da inauguração da Grande Loja dos Antigos, já se havia praticado na área de Londres uma forma de Maçonaria, da qual o Ritual permaneceu quase que imutável até os dias atuais.

As deduções de Lindsay com relação às origens da Ordem, correm como se segue: *"Porque quando a Ordem Real é encontrada pela primeira vez [ele se refere para] aos três Graus da Maçonaria Operativa, é certo que a Ordem não poderia ter nascido antes de 1725, e nós sabemos que o Grão-Mestre Provincial da Bretanha do Sul declarou quando assinou os documentos em 1750 ... que os estava assinando no nono ano de exercício de sua autoridade. Se, entretanto, a Ordem Real somente apareceu em Londres em 1741, e poderia ter sido muito tarde* ***como se fosse um protesto*** *contra a* *eliminação das* ***antigas bases Cristãs*** *da Maçonaria Operativa. Sobre estas bases, pareceria que a data da instituição da Ordem Real em Londres estava ainda para ser traçada, alguma coisa entre 1725 e 1741".*

Existiam, no mínimo, uma Grande Loja e um Grande Capítulo que se reunia em Chando Street, e dois outros Capítulos que se reuniam em Welbeck e Exeter Streets. Antes que tivéssemos a data específica correta de 11 de dezembro, quando foi formado um Capítulo na Cannon Street, Southwark. Todos estes corpos subseqüentes se reuniam *em um Domingo*, e como ainda é o caso, o trabalho do Capítulo *precedia ao da Loja.* Porque, com esta real origem inglesa, o nome mudou para a sua forma atual, e faz parte da história, e você precisa descobrir por si mesmo.

> *Do ponto de vista da Ordem Real, a 'forma das Lojas' (Operativas) é interessante. O Mestre com o seu Pedestal no Oriente, e os dois Vigilantes sentados no Ocidente olhando para ele, como na Ordem Real. Assim 'os três que dirigiam a Loja' sentavam na forma de um triângulo, o que simboliza a Santíssima Trindade, o que poderia ser esperado ser uma forma de Maçonaria que era Cristã* (Lindsay, *The Royal Order of Scotland,* 1971, p. 35).

É importante que olhemos, mesmo com brevidade, para a forma de Ritual que agora foi lançada sobre a cena inglesa, porque não somente é uma flagrante referência a uma quantidade de Graus, que não eram para ser difundidos depois em um estilo de verso que revela a sua antigüidade, mas especialmente porque está totalmente ocupado com a descoberta da Palavra Verdadeira da Maçonaria. Mas vamos deixar que o Ritual fale rapidamente por si mesmo:

> *P. Desde a abertura do Capítulo, o que nós estivemos fazendo?*
>
> *R. Procurando uma Palavra que foi perdida, que com a sua ajuda nós a encontramos.*
>
> *P. Quando foi perdida a Palavra?*
>
> *R. A Palavra foi perdida entre os filhos do homem, quando o Salvador desceu a cripta infernal.*
>
> *P. Quando foi achada a palavra?*
>
> *R. Quando ele triunfante elevou-se, sobre o Pecado e a Morte, nossos sempiternos inimigos ...*

Eu não necessito igualmente agora, não ter a necessidade de

dizer mais nada. Aqui em uma distância substancial, mesmo antes do ressurgimento da "antiga" Maçonaria, ela era uma forma da prática do Capítulo Inglês que insistiu sobre a verdade que existia uma "Palavra Verdadeira", de que um Mestre na Maçonaria Operativa (Craft) poderia *conhecer e receber*. O Grau de Mestre Maçom não foi o final da história.

Provavelmente no mesmo período, embora alguns poderiam afirmar mesmo por uma emergência anterior, que apareceu em uma área do Nordeste da Inglaterra, entre York e a fronteira escocesa, um outro fenômeno maçônico com objetivos muito parecidos. Aqueles novamente que desejam se inteirar do assunto em mais detalhes deverão encontrá-lo nos volumes anteriores nos trabalhos da AQC escritos por William Wlaples (AQC 60) e por mim (AQC 91). O movimento foi chamado de "The Harodin" (ou Dirigentes e Chefes) e de uma maneira muito similar aos Mestres Escoceses no Sul, membros deste 'time de instrução' seleto (porque é uma maneira simples de descrever a organização) que visitava as Lojas de sua área ou mesmo reunindo os Irmãos para encontrá-los em determinado tempo e local.

Nas reuniões especiais convocadas com o propósito de "instruções de Graus", os Oficiais regulares preenchiam as várias cadeiras, *mas somente se* eles eram Irmãos que já haviam recebido as instruções do Harodin. Para formar as suas Lojas eram necessário no mínimo nove Irmãos, não existiu nenhum registro de nenhum trabalho executado (e outros que), e da data e dos Irmãos que estiveram presentes. Somente em uma ocasião existiu um registro, é aquele que ocorreu no Livro de 1756, que registra o progresso de membros através de Graus, onde o Irm.·. Richard Markhan foi *Elevado para o Harodin* (sic) que possui as palavras "Passou a Ponte" adicionada a esta data. Dois outros Irmãos que receberam o Grau (Harodin) na mesma tarde não possuem esta introdução.

Eu me adianto em dizer aqui que existia ainda um outro termo variante no local, Harodin (Highrodian) que simplesmente dava suporte à natureza "oral" da experiência que também é citada aqui. Por igual, os trabalhos das antigas instruções irlandesas, que nós vimos anteriormente, as instruções "Harodin" tinham a pretensão de aumentar e enriquecer os conhecimentos daqueles que eles chamavam de Mestres, mas que nós poderíamos chamar de "Past Masters". Nós sabemos, por exemplo, que existia um time de

Irmãos mais antigos que poderiam passar estas instruções verbalmente, e como conseqüência existe menção do "Harodin passando para um lugar". Estas instruções, que nós tivemos depois, versões impressas cobriam aspectos dos três Graus fundamentais, mas *ampliaram-no* para incluir material que era totalmente cristão, usando muitas histórias bíblicas, e fornecendo bases para Maçons da Marca, Arca e Link, Passagem da Ponte (ou Cruz Vermelha da Babilônia), o Arco Real, o Rosa-Cruz e Cruzados. Um estudioso de longa data de Newcastle da *Ordem* – para usar a palavra "Degree" (Grau) aqui está o termo provavelmente para confundir os Maçons modernos – fez alguns comentários que nós temos a necessidade de ponderar (ele escreveu no século 19):

> *Eu mostrei em algum outro lugar ... que o antigo "Arco" era idêntico a este sistema Harodin. Isto é claro não quer dizer o sistema mais recente, o qual é vazio de todos os mistérios do círculo dentro do triângulo ou vice-versa, e estritamente não Cristão, exceto por acidente, mas eu me referi e quis dizer o antigo "Arco" Cristão ou Harodin.*

E ele continua:

> *Uma característica interessante destas instruções, são aquelas partes que são incorporadas literalmente dentro dos trabalhos modernos, da Marca, Arco, Marked Master (mas não o Mestre da Marca), Templo, Rose Croix (Rosa-Cruz) e especialmente a Ordem Real da Escócia ou Heredon (ou melhor, Harodin) de Kilwining ...Da mesma forma que a Ordem Real, algumas destas instruções estão em verso e fora de talvez algum outro sistema antigo. Que seja do meu conhecimento versos não ocorrem sem exceção, em qualquer dos Rituais mais antigos* (Schnitger private Ms., Livraria da Grande Loja Provincial, New Castle on Tyne).

É tentador deixarmos ser levados para dentro dos aspectos destas fascinantes formas da Franco-Maçonaria do Nordeste da Inglaterra, que parecem possuir raízes comuns com um "renascimento" similar contemporâneo, antigo e "Cristão" na área de Londres – a Ordem Real dos anos 1730 – que nós já demos uma olhada. Nós precisamos resistir àquela tentação reservada, para fazer uma pergunta importante:

*Aonde foi que a Loja "Swalwell" de Tyneside conseguiu a base mais antiga da prática deste sistema? E que eles já a possuíam em 1735, parece perfeitamente provado. Assim, logo que eles ficaram fortes o bastante para obter uma "Constituição" para uma existência separada, e quando o seu trabalho estava completo e os seus membros também, eles realizaram uma Assembléia de Past Masters e Companheiros, que permitiria a eles convidar os Chefes (ou Harodim) para visitá-los. Estes eram os homens que examinavam e passavam a Companheiros, esses Companheiros examinados e Elevados a Mestres Geométricos, permitia-lhes, quando nove deles estivessem disponíveis, abrir uma Loja de Harodim, para ouvir e receber os benefícios das instruções de uma "Ordem Superior". Pareceria que esta instituição de Harodim fazia parte do antigo Sistema de Comércio das Guildas, e que somente agora ele estava sendo praticado como sendo uma adição a uma forma mais "nova", a Maçonaria básica Especulativa.*

Para o nosso propósito, o que é crucial é saber que a antiga Loja de Swawel era um rebento dos Tempos Imemoriais da Grande Loja de York. Nós estamos voltando às mesmas raízes, como aquelas que estavam ligadas à Franco-Maçonaria Irlandesa e de algumas Lojas Militares.

**(G) A Loja "Ben Johnson" e seus trabalhos:**

Em 20 de março de 1755 foi passada uma resolução na Primeira Grande Loja que levou ao afastamento de umas vinte e uma Lojas de suas listas por causa de "irregularidades" em seus modos de práticas. Uma destas Lojas foi particularmente mencionada como sendo aquela que se reunia na "Ben Johnson's Head" em Pelham Street, Spitalafields, e foram dados também os nomes dos seus quatorze membros e os mesmos excluídos. Em uma demonstração pública por ter recebido tal tratamento, os Antigos colocaram nos registros que esta Loja era "composta principalmente de Maçons antigos, apesar deles estarem sob a constituição dos Modernos. Alguns deles estavam no exterior, e receberam os extraordinários benefícios na conta da antiga Maçonaria; portanto eles concordaram em praticar a antiga Maçonaria em todas as noites de terça-feira de Loja".

O que parece que aconteceu, foi que quando em uma tarde, alguns Maçons Modernos vieram visitar estas lojas Modernas citadas, e não lhes foi permitida a entrada. Por que isto foi feito, ficou evidente pouco tempo depois. Entretanto, as pessoas que foram impedidas de entrar, fizeram uma queixa contra a Grande Loja dos Modernos que se reunia na Devil Tavern, Temple Bar, e apesar de não ter sido feito nenhum questionamento do porquê da recusa da admissão à Loja "Ben Johnson", foi requerido para admitir toda sorte de Maçons sem distinção, ou então seria censurada. Ela se recusou, então foi censurada e posteriormente excluída.

O "Grau dos Mestres" (observe o singular) ao qual os Irmãos acima mencionados foram impedidos de entrar, havia sido conferido nesta Loja no mínimo desde 1730. Ele era feito de duas partes distintas, que eram vistas como um todo. O Venerável Mestre representava Salomão, e vestia um robe escarlate, usava uma coroa e carregava um cetro; o 1º Vigilante usava um robe púrpura, usava também uma coroa, e tinha também um cetro e representava Hiram de Tiro; enquanto que o 2º Vigilante usava uma vestimenta escura, segurava uma vara e fazia as vezes de Hiram A .B. Eles eram assim mostrados no frontispício da *Ahiman Rezon,* e ali eles estavam acompanhados por Moisés, Aholiab e Bezaleel, com Zorobabel, Ageu e Josué, todos vestidos de uma maneira similar. Entretanto, nos trabalhos da Loja "Ben Johnson", não figuravam estas últimas pessoas.

Eram requeridos sempre três Candidatos, dos quais o "Guia" da Cerimônia atuava como se fosse um, mas na moda moderna surpreendentemente, um dos Irmãos presentes poderia ser adicionado para completar o trio. A Loja era aberta no Grau de Companheiro e quando aquela Cerimônia era completada, o 1º Vigilante retirava-se, deixando a sua cadeira vazia.

Os Candidatos eram admitidos, e depois de algumas Cerimônias preliminares, que incluía a palavra "J-b---n" como palavra de teste para os outros que estavam presentes, o Guia pedia ao 2º Vigilante para honrar a promessa feita algum tempo atrás. Os nossos trabalhos estão agora concluídos e nós, de conformidade, estamos procurando admissão entre os Mestres Geométricos da Craft (Maçonaria). Neste momento o 2º Vigilante respondia com tristeza que os deveres da dedicação do Templo haviam sido interrompidos pelo Rei, o que impedia de dar a eles o prometido. Eles eram então incentivados a procurar o Soberano Grão-Mestre, juntamente com outros Obreiros que desejavam o mesmo privilégio.

Eles se aproximavam da Cadeira do Venerável Mestre e pediam que assim que o Templo houvesse sido terminado e dedicado, ao "verdadeiro e eterno Deus, cujo nome deveria ser exaltado", eles deveriam ter "a diferenciada recompensa de serem admitidos ao sublime e honrado Grau de Mestres Maçons Geométricos". Este é um reconhecimento por Salomão de um pedido legítimo, mas ele explica que Hiram de Tiro teve que viajar, e o Grau poderia somente ser conferido quando os três dirigentes estivessem presentes, e aos Obreiros é dito:

> *"Se vocês estão desejosos de fazer o juramento de um **Mestre Maçom**, e esperar a resposta positiva de nossa alteza, nós devemos assim concordar com o vosso pedido"*. O Guia respondia: *"Senhor, nós prazerosamente aceitaremos a vossa graciosa oferta, e confessamos a nós mesmos extremamente gratos"*. A palavra de passe "J-b---n" é dada com a explicação do seu significado "Habitação eterna" (originariamente Zabulon). O juramento é administrado juntamente com certos Sinais, inclusive um que foi dado "na transgressão dos nossos primeiros pais e por Moisés na solidão do deserto do Sinai", e a Loja então é chamada do trabalho para o descanso.

A segunda parte do Grau narrava a perda *e a recuperação* da Palavra Sagrada e começava com o 1º Vigilante agora aparecendo no Ocidente. Os Candidatos novamente se aproximavam do Venerável Mestre, informando a ele que o Rei Hiram havia retornado, e que eles estavam solicitando os "altos e sublimes mistérios de um Mestre Maçom Geométrico". O Venerável Mestre agora informa que o lugar do *2º Vigilante está vazio,* e pergunta aonde ele possa estar, e lhe é dito que ele ainda está provavelmente em suas orações, como era costume ao meio-dia. A procura ao redor do Templo é feita, no curso da qual eles *mostram o Arco* com a Arca da Aliança abaixo dele, e ali *recupera-se a Palavra Perdida.*

O Venerável Mestre então se dirige aos Candidatos da seguinte forma:

> *Nós permitimos ao nosso lamentado Irmão, depois da fundição dos dois Pilares do Pórtico, que ele gravasse a Palavra misteriosa sobre uma placa de ouro dentro da*

*representação do nosso selo, e usá-lo como a marca do nosso real favor e boa vontade, e não tenho dúvida, que ele está ainda em sua posse.*

Ali então segue a descoberta do corpo de Hiram (que é representado pelo 2º Vigilante deitado sobre o solo com um ramo de "sempre viva" na cabeça, um arbusto que não perde as suas folhas mesmo no inverno) e assim que o corpo é levantado pelo Mestre, 1º Vigilante *e por outros que estão presentes*, a medalha é retirada de dentro do bolso interno do 2º Vigilante. O seu desenho não era diferente do emblema que aparece no certificado do Arco Real de hoje em dia. A medalha era colocada sobre a Bíblia Sagrada no lugar do Compasso e do Esquadro, e assim que os Irmãos se sentavam o Venerável Mestre fazia uma alocução, uma instrução e um discurso. Tudo isto foi registrado no livro de Oliver *Origin of the Holy Royal Arch* (pp. 93-104), e eu chamaria a atenção brevemente somente para cinco extratos interessantes que possuem ligação com quase tudo que nós observamos até agora neste trabalho:

(i) Irmãos, nós estamos particularmente felizes em recuperar esta Jóia, que contém a Palavra misteriosa, que de uma outra forma estaria irremediavelmente perdida. Estas quatro letras compunham o T-g-n ou nome sagrado do Deus vivo e verdadeiro ... O que realmente poderia ser mais apropriado como se fosse um presente para aqueles que assistiram a edificação da Casa para a Sua Glória, então o verdadeiro nome do Grande Criador ...

(ii) E para que você possa ter sempre na mente a triste cena que acabas de testemunhar, deixa-me exortá-lo para que se humilhe para a nossa condição final da mortalidade, da qual você pode ser elevado nos SEIS pontos de confraternização ... (Estes pontos eram explicados, e relacionados com o Selo de Salomão, e o sexto ponto era "boca no ouvido para avisar uns aos outros".)

(iii) Eu portanto lhe apresentarei os instrumentos de trabalho de um Mestre Maçom, que são todos estes instrumentos da Maçonaria, e especialmente *a Trolha*. Depois que as pedras são cortadas e destinadas à construção e apropriadamente esquadrinhadas, *a Trolha* é usada pelos Maçons operativos para uni-las em conjunto por meio do cimento.

(iv) Você também meu Irmão, como Mestre está intitulado a usar um alfabeto ... que é geométrico em seu caráter, e que portanto é eminentemente útil para os Mestres Maçons em geral. (O sistema cifrado é então explicado.)

(v) "Este Grau, como você viu, foi instituído pelo Rei Salomão imediatamente depois da dedicação do Templo de Jerusalém, como recompensa aos diversos especialistas e Obreiros dedicados que trabalharam diligentemente e perseverantemente na sua construção ... Os Assírios invadiram e destruíram-no; o nome sagrado foi corrompido ... o verdadeiro nome foi perdido para o povo judeu e para a sua Nação. Como ele foi recuperado, eu vou deixar São João Evangelista informar você ..." (e em sua última alocução Jesus leva os três apóstolos para o alto do *Monte Tabor* e ali revela "o grande e glorioso Nome", o qual somente é dado aos Primeiros Principais em um Capítulo do Arco Real).

Eu estou certo de que você concordará que é difícil alguém ficar surpreso do porquê o Maçom comum do terceiro Grau não eram admitido neste tipo de reunião daquela Primeira Grande Loja, que poderia ainda não reconhecer publicamente a Parte do Mestre completa, e retiraram estes Maçons de sua companhia.

**(I) A separação do Santo Arco Real:**

Na revista número 70 da AQC (p. 43) o nosso altamente considerado Irm.·. Harry Carr, escreveu um comentário sobre o trabalho do Irm.·. Bernard E. Jones, "Passagem da Cadeira". Este trabalho é um reflexão perspectiva de tal pertinência com o nosso tema que eu não fiz nenhuma apologia pela reprodução de parte dele, ou do seu todo. Ele escreve:

> *Um ponto, entretanto, que deixa perplexos muitos de nós, pode ser abordado; isto é, a questão é se ele (o Arco Real) sempre foi uma cerimônia "separada" ou se ela sempre formou uma parte do Ritual comum da Maçonaria (Craft), por exemplo, uma parte do terceiro Grau.*

Quando Dermott, em 1756, ridicularizou aqueles que afirmavam serem do Arco Real, sem haverem passado pela cadeira "na forma regular", é possível interpretar as suas palavras como se implicasse que *o próprio Arco Real,* e que a eles apenas faltava o "estágio intermediário" (isto é, alguma espécie de Cerimônia de cadeira, com ou sem alguma espécie de "apresentação").

Os "Modernos", antes ou depois de 1769, estavam aparentemente aptos a conferir o Arco Real, sem o recurso deste estágio intermediário, e desde que existia um falta de evidência de quaisquer *diferenças* entre o Arco Real dos "Antigos" (sic) e daquele dos "Modernos", eu estou inclinado a acreditar que as Cerimônias eram fundamentalmente similares.

A provável similaridade das Cerimônias, e o fato de que os *"Modernos"* eram conhecidos por conferir o Arco Real *nas Lojas Craft (Maçônicas)* levanta a possibilidade de que a Cerimônia tinha sido uma vez uma parte do terceiro Grau. Se este *foi* o caso, ela foi com certeza destacada do corpo da Maçonaria *"azul" antes* de 1744, isto é, antes que os "Antigos" como a Grande Loja aparecessem em existência. Na falta de evidências anteriores (antes de 1744) tanto na Inglaterra como na Escócia, como observação do Arco Real ter sido praticado como uma Cerimônia separada, parece implicar que a "separação" aconteceu na Irlanda, e se o Arco Real era praticado aqui na Inglaterra no seu todo, ele foi provavelmente dado como sendo uma parte do terceiro Grau. Em qualquer circunstância, o Arco Real foi bastante claro, um desenvolvimento especulativo, e isto coloca um limite bastante claro da data da sua introdução.

Eu tenho certeza de que o Irm.·. Harry Carr, se estivesse ainda entre nós, ele comentaria com brevidade, de um maneira não menos perceptiva, sobre o que foi apresentado nestas páginas. Talvez, ele poderia ter ficado mais satisfeito em verificar que algumas das suposições, que pareceram ser o caso, e não o mínimo de nada, de que na Irlanda existiu justamente a separação que ele "detectou", apesar de que a separação, no século 18, foi entre um segundo Grau de Mestre Maçom e o terceiro Grau do Arco Real. Que a mais antiga "tradição" de um Grau de Mestre, com os elementos do Arco Real, que continuou em Spitalfields poderia também ter atraído os seus comentários.

Mas ainda permanecem algumas questões. *Por que* o Arco Real separou-se do resto da Parte do Mestre, e por que os Antigos aceitaram este tipo de separação? Por que também eles colocaram tanta importância em se receber os segredos da Cadeira Craft, antes de um Mestre Maçom ser Exaltado? Eu tentarei responder esta pergunta, antes de chegarmos à nossa conclusão.

O indício principal, para a solução destas atormentantes perguntas, parece-me ser a causa verdadeira que separou a Primeira Grande Loja da Grande Loja dos Antigos. E esta causa foi "a verdadeira e pura antiga Maçonaria". Para os Modernos, não havia dúvidas de que ela era consistida de apenas três Graus, e que estes eram de fundação Operativa antiga. Que eles acreditavam, está provado pela maneira pela qual os irlandeses, os quais pela primeira vez levaram seus princípios especulativos sobre o assunto da Inglaterra, e firmemente mantido de que existiam três Graus – ou posteriormente, três grupos de Graus, derivados do trio original. Os três Graus eram 1) Admissão e Aprendizagem; 2) Habilidade e Maestria; 3) Dirigente e Arquiteto. Foi assim que a Primeira Grande Loja determinou a sua jornada, e nós conspiramos no seu curso até 1730, quando ela cresceu de tamanho, além dos seus arranjos imaginários dos seus Graus, e forçou a mudança. Os arranjos atuais da Craft (Maçonaria), começa com o Grau de Dirigente na Inglaterra, tornando-se o pequeno e anterior Grau de Mestre Maçom – e a mudança provou ser aceitável.

Se a Primeira Grande Loja sempre imaginou que a Parte do Mestre truncada poderia tornar-se tão popular e estabelecida como foi o caso, este é um caso para conjeturas. Lá pelos anos 1740, ela estava tão fortemente estabelecida que mesmo apesar da coirmã Grande Loja da Irlanda permanecer com tenacidade nos arranjos iniciais, os Maçons Ingleses foram deixados com uma Maçonaria que terminou com o sublime segredo, mas que ficaram substituídos, e *que* continuam ser a estância, que a Primeira Grande Loja defendeu. Outras formas contemporâneas de Maçonaria que protestaram a perda, a redução, ou supressão vertical dos antigos segredos da Maçonaria estavam censurados, expulsos ou ignorados. Mesmo o modo de instalar um dirigente em uma Loja Moderna começou a ser esquecido, conquanto que qualquer ajuda fadava-se a ir de encontro às "circunstâncias que poderiam permitir que os segredos genuínos fossem restaurados". Quando em grande parte devido aos esforços de um homem do escopo de Thomas Dunckerley, a perda dos segredos do Arco Real foi *trazida de volta dentro do círculo dos Modernos* depois de encontrá-los nas Lojas Militares garantidas pela Irlanda, York e dos Antigos, a única maneira política para resolver o problema foi pela sua apresentação como se *fosse um quarto passo* na Maçonaria, e sob um corpo governamental separado. A Parte do Mestre foi então permanentemente dividida.

Para os Antigos este foi um caso do bom compromisso inglês. Com a experiência irlandesa de muitos de seus membros iniciais eles poderiam com direito protestar que a Primeira Grande Loja havia alterado e reduzido as "antigas formas da Maçonaria" (Craft). Contudo, lá pelos anos de 1750, o Grau de Mestre Maçom estava tão fortemente estabelecido que não podia ser ignorado ou desestabilizado. A única maneira de caminhar para frente foi tentar reparar o dano de toda a parte do Mestre pela introdução da recuperação do segredos como se fosse um "Quarto Grau", dando a ele uma credencial adicional pela restauração dos passos da Marca do segundo e do terceiro Graus, e incorporando a Cerimônia de Instalação, como se fosse a ligação necessária para aqueles que agora procuravam a Suprema descoberta ou revelação – o Summum Bonun. E tudo isto sendo feito como parte da Maçonaria Craft em uma Loja Craft e trabalhando sob uma garantia Craft. Não foi o ideal mas pelo menos restaurava alguma semelhança com o todo antigo. Você pode entender, entretanto, por que a Grande Loja dos Antigos defendeu os membros da Loja "Ben Johnson" que praticavam corretamente a Parte do Mestre, que era muito mais parecida com as de seus antepassados, que ainda era praticada na Irlanda.

Por que, apesar de na Inglaterra como na Irlanda, a Cerimônia de Instalação não ser considerada um Grau, os Antigos permaneceram tão fiéis com a sua importância com parte preliminar do Arco Real? A resposta reside no conteúdo do que aconteceu na *sua* forma de Instalação. Aqui estava a jubilação da complementação do Arco do Templo, com a pedra mestra no seu topo e a venerável Arca da Aliança (ainda mostrada nos nossos certificados da Grande Loja) a seus pés. Aqui estava a recordação do Exílio e do cativeiro da Babilônia e o começo daquele *retorno do Oriente para o Ocidente* que deveria terminar com a recuperação dos segredos genuínos de um Maçom livre. Aqui estava o nome da antiga tribo dos cortadores esquadrinhadores de pedra, que eram os Mestres reais dos empregos de Salomão, e aqui também estava Adoniram que dirigiu ao primeiro Mestre da Marca e poderia agora substituir Hiram A. B. no triunvirato privilegiado. Aqui estava a mão que segurou o lápis ou a vara de um desenhista Arquiteto e a motivação para ser vista, e aqui estava a menção do santo São João, cujos escritos eram proeminentes na Hospedaria Ben Johnson.

Nenhum destes itens era conhecido pela maioria dos Mestres Instalados daquela data, mas para os Antigos eles eram conhecidos. E esta foi a sua contribuição vital para toda a história da Parte do Mestre, *uma vez que ela foi embelezada* pela adição da lenda de uma caverna ou abobada, com seus conteúdos sagrados – uma adição que os Maçons Irlandeses nunca haviam conhecido – nem nunca tinham tido – que a Cerimônia de Instalação tornou-se *de rigeur* para cada Candidato ao Arco Real. É talvez por causa da grande quantidade de assuntos que são passados rapidamente, que muitos Maçons modernos ainda não podem facilmente entender por que o Arco Real é a verdadeira complementação da Grau de Mestre Maçom.

**Conclusão:**

Se eu pudesse adaptar algumas palavras que foram introduzidas inicialmente no Ritual da Ordem Real, desde a abertura deste trabalho, o que nós teríamos feito? Nós estaríamos tentando mostrar três coisas. O significado de ser um verdadeiro Mestre em termos operativos; a intenção original e persistente de manter este tipo de papel – a Parte do Mestre completa – entre os Maçons especulativos; e os dispositivos que foram levantados para realizar este trabalho.

> *Existiu obviamente um grande abismo entre o Maçom ou carpinteiro, cujo treinamento compreendia simplesmente as essências do comércio, que era necessário para um trabalhador diarista, e o seu companheiro que tinha que agir como um arquiteto de igrejas, castelos e palácios. Do desenhista se requeria uma grande quantidade de conhecimento especializado, que era inútil para o trabalhador de pedra assalariado. Foi sem dúvida o conhecimento prático da geometria, que diferenciou o arquiteto de simples Maçom ou carpinteiro ... Seria depois de tudo, uma reação natural do bibliotecário, que havia adquirido justamente uma cópia do Vitruvius para consultar o arquiteto mais próximo, como também o [seu] significado* ( Harvey, op. cit. pp. 93, 95). O que foi a Parte do Mestre operativa.

Quando a Primeira Grande Loja requereu pela primeira vez que todos os dirigentes de Lojas novas (Mestres reais) deveriam somente ser nomeados dentro de seus círculos, e nas mãos de seus próprios oficiais, eles estavam tentando, dentro de suas novas distribuições, preservar a mesma distinção entre os Fellowcrafts (Companheiros Maçons), e daqueles que agora estavam intitulados a participar da Parte do Mestre. A ironia, e que na sua tentativa de estabelecer a nova Maçonaria, e encorajar alguns verdadeiros especulativos influentes que se filiaram às suas classes, eles concederam uma "Parte do Mestre nominal", para aqueles que, como o nosso Ritual simplesmente afirma, não estavam intitulados ao mesmo. Quando Prichard e outros chamaram-no de "Parte do Mestre", eles estavam errados. Ele era na verdade somente uma parte do Grau de Mestre. Sem dúvida, ele terminou com as esperanças perdidas e com os segredos desconhecidos.

Em vários quartéis a reação cresceu. Como poderia ser completada e reintroduzida a Parte do Mestre, se ela ainda era lembrada por alguns, no mínimo na Irlanda e em York? Nós vimos os corpos que emergiram, e aqueles conhecimentos especializados continuados que um verdadeiro Mestre Maçom deveria ter. Porque o tempo passou, e não foi possível retornar à situação original, e somente um caminho permaneceu aberto – para aceitar a separação das várias porções de toda a Parte do Mestre, e deixar a sua complementação para um outro "capítulo", o total da história. Qualquer pessoa que realmente deseja conhecer o que é Franco-Maçonaria, necessita fazer a jornada dentro da verdadeira "Parte do Mestre".

Quando em 27 de dezembro de 1813, os Artigos da União da Primeira Grande Loja e da Grande Loja "Atholl", foram colocados em uma única Arca da Aliança, um grande ato de restauração e reconciliação aconteceu. Não foi somente a restauração de uma Grande Loja neste terreno, ou a reconciliação de uma longa ruptura entre Irmãos que "estavam perpetuamente separados uns dos outros", quando a Maçonaria pensou em "amor fraternal, na caridade e na verdade". O que aconteceu naqueles dias importantes, foi o exercício da memória tradicional da Sociedade. Foi lembrado que existia somente uma verdadeira Parte do Mestre, e que ela não residia somente no Grau de Mestre Maçom. Foi restaurada alguma coisa do seu desenho original, com as palavras "including the Order of the Holy Royal" (incluindo a Santa Ordem do Santo Arco Real). Aquela foi a Glória, assim como também a realização daquele dia de dezembro. Alguém necessita apenas esperar que cada Maçom valorize a sua herança, e participe de *toda Parte do Mestre*.

# O Simbolismo da Pedra

*PELO IRM∴ LEÓN ZELDIS*

## PREÂMBULO

UMA PERGUNTA FUNDAMENTAL, raramente feita, é a razão pela qual nossos antigos Irmãos, que desenvolveram estruturas simbólicas complicadas de ensinamentos filosóficos morais, que agora nós conhecemos como Maçonaria Especulativa, deveriam escolher para a base de seu sistema, sobre estes modestos materiais, como o comércio da construção, seus instrumentos e lendas. Os tipos de atividades, como a construção de embarcações, trabalhos em metais, a agricultura e seus implementos, entre outros, poderiam ter sido usados de maneira apropriada no desenvolvimento de um sistema peculiar de moralidade, velado em alegoria e ilustrado por símbolos. Realmente, eles foram usados para esse propósito em um tempo e outro por vários pensadores individuais e organizações.

Eu espero demonstrar que o comércio da construção, e seus materiais – a pedra – possuem este objetivo profundo e significado universal e conotações, e de que esta escolha não foi somente justificada, mas inevitável.

É de minha crença que um estudo de um simbolismo rico da pedra iluminará muitas facetas da Franco-Maçonaria, e nos levará a um melhor entendimento dos nossos Rituais e tradições.

## INTRODUÇÃO

A pedra tem sido, desde os tempos pré-históricos, o principal material usado para construir e adornar estruturas importantes, onde a solidez e a estabilidade são consideradas paradigmas. A pedra tornou-se paradigmática da estabilidade, e da dureza da resistência em todas as línguas, possuindo uma riqueza de significados simbólicos, com associações e sugestões profundamente enraizadas na filosofia e na história da humanidade, algumas das quais nós deveremos examinar logo mais adiante.

A definição científica ou química da pedra, não possui significado para nós. É suficiente dizer que a pedra é um componente não metálico de rocha e que ela aparece de muitas formas, cores e graus de dureza e de brilho. As pedras são usadas para a construção e joalheira, para a escultura e pela indústria.

A pedra, possuindo uma estrutura química, reage com o meio ambiente. Ela pode mudar de cor, erodir, combinar com diferentes componentes químicos originários do ar. Ela "envelhece", tanto quimicamente como fisicamente, devido ao desgaste e ao esforço ao que ela é submetida em seu passado geológico. "Os blocos de granito podem aumentar em resistência compressiva em um terço somente em seis meses agindo através da recuperação de uma pressão natural anterior". Todos estes fenômenos devem terem sido percebidos ao homem da Antigüidade, como prova de que a pedra não era totalmente inerte, mas continha em si uma certa forma de vida.

## A PEDRA NA ANTIGÜIDADE

A pedra foi com toda probabilidade o primeiro material usado pelo homem primitivo. O primeiros instrumentos rústicos foram simplesmente pedras toscas usadas para martelar, cortar e moer. O primeiro passo de gigante feito pela humanidade através da civilização, foi a mudança do uso de pedras naturais para implementos lascados ou em forma de lâmina e ponta de flechas, com bordas cortantes improvisadas ou permitindo o uso de uma das mãos. Através deste ato aparentemente simples, de modificar uma pedra antes de usá-la como instrumento, o Homem tornou-se um *homo faber* que começou a mudar e intervir no seu meio ambiente, em vez de ser um recebedor passivo daquilo que a natureza tinha para oferecer.

As pedras não eram somente usadas como instrumentos, mas tornaram-se um objeto de veneração do homem primitivo, cuja sobrevivência dependia dela. "Desgastar e polir pedras era uma atividade muito bem conhecida e muito antiga. Na Europa, as pedras *sagradas* escondidas em buracos de árvores ou em cavernas, têm sido achadas em muitos lugares; como possuidoras do poder divino, elas foram provavelmente mantidas ali pelo homem da Idade da Pedra. No tempo presente, alguns aborígines australianos acreditam que os seus ancestrais continuam a existir em pedras como virtuosos e com poderes divinos, e que se eles esfregarem estas pedras o poder aumenta (como se as mudassem com a eletricidade) para o benefício tanto do vivente como do morto."

A crença em "pedras vivas" ou pedras que possuíam uma alma não é restrita às tribos bárbaras. Um estonteante número de mitos primitivos descreve o homem como nascido da pedra. No mito de Deucaliom e Pyrrha, o paralelo grego para a história do dilúvio, a terra é povoada por Deucaliom atirando "os ossos de sua mãe" (pedras) sobre seus ombros.

Muitos deuses nasceram de pedras, tal como Mithras, cujo culto foi o principal competidor da Cristandade nos primeiros séculos da nossa era. A pedra foi concebida como *petra genitrix*, assimilada para a Grande Divindade, a *matrix mundi*. Os paralelos entre cavernas, o interior da terra, e o útero são bastante óbvios de mostrar. O interior da terra era concebido pelos antigos como um local de gestação, onde a vida germina e desenvolve. O mesmo sentido germinativo da terra aparece em muitos Ritos e mitos do crescimento como aquele de Demeter, que figurou nos Mistérios Eleusianos. As cavernas foram tidas como locais sagrados, e os oráculos geralmente habitavam nelas.

A pedra era considerada não somente como organismo vivo, mas que se desenvolvia no interior da terra. As pedras preciosas na mitologia hindu, são diferenciadas por sua idade, o diamante é a pedra mais "madura", enquanto que a esmeralda e o rubi estão ainda insuficientemente desenvolvidos.

Os metais também foram lembrados como maturando dentro

do útero da terra. Deus foi o metal maturando ou "perfeito", dentro do qual todos os outros são vagarosamente envolvidos e acabados. Os alquimistas, de acordo com este ponto de vista, tinham somente que achar uma maneira de acelerar este processo de maturação em seus laboratórios, para alcançar em curto espaço de tempo o que a natureza levava eons (período muito longo de tempo para ser medido). Por causa disso, ele requereu um ingrediente especial, que na química moderna é chamado de catalisador, que poderia servir para acelerar a evolução a partir do metal base, para ouro. Este ingrediente foi chamado pelos alquimistas de "a pedra dos filósofos".

A pedra, então, é a chave do crescimento ou da metamorfose de outros elementos. Nas Lojas do Continente Europeu, a Câmara de Reflexões aonde o Candidato espera antes da sua Iniciação, é decorada, dentre outras coisas, com a pintura de um galo (representando Mercúrio-Hermes dos quais veremos mais adiante), e a legenda V.I.T.R.I.O.L, que estão em letras maiúsculas de uma inscrição latina, possui o seguinte significado "visite as profundezas da terra e retificando (isto é, purificando) então você achará a pedra oculta". A Iniciação, em um sentido, é uma Cerimônia de purificação ou de refinamento e a desvestidura dos metais está relacionada com este conceito. Este aspecto da Iniciação Maçônica está também explicado pela concepção de que o metal está de alguma forma relacionado com o lado demoníaco e mágico da natureza, enquanto que a pedra está conectada com seus aspectos positivos, os quais são explorados por Mircéia Heliade em seu livro *The forge and crucible* (A Forja e o Cadinho). Uma incorporação posterior desta concepção é a injunção contra a colocação de objetos metálicos sobre o V.L.S. Algumas Lojas vão mais longe, ao colocar um Esquadro e um Compasso especialmente feitos para este propósito.

Os antigos Germanos também acreditavam que o espírito da morte continuava a viver em suas pedras tumulares. O costume de se colocar pedras sobre sepulturas, pode originar-se parcialmente da idéia simbólica de que alguma coisa eterna, parte da pessoa morta, permanece, e pode muito bem ser representada por uma pedra. A pedra simboliza a experiência mais simples e profunda – a experiência de alguma coisa eterna. Porque a pedra foi como um símbolo dos trabalhos de Jung, e eles podem ser consultados.

O corpo de uma pessoa morta retornou ao seio da terra em ordem para continuar a sua evolução. O contato máximo e íntimo com a terra é alcançado quando não se usa um caixão, como acontece nos ritos de enterro judeus. Deve ser observado que Hiram Abi, da mesma forma, foi enterrado diretamente dentro da terra sem um ataúde.

Os deuses de pedra, os monumentos erigidos como imagens de Deus ou locais de adoração, são conhecidos desde a mais remota Antigüidade. Seria suficiente mencionar os muitos obeliscos e monumentos exóticos que figuram na paisagem da Europa. O mais famoso sítio desta espécie de monumento é talvez Stonehenge na planície de Salisbury na Inglaterra, a qual é compreendida de diversos círculos de pedra concêntricos, aparentemente construídos com os propósitos de Ritual e astronômicos entre os anos de 2350 e 1350 a. C.

E. Sidney Hartland acredita que "muitos dos monumentos de pedra da Europa e da Ásia Menor tenham provavelmente sido realmente figuras de divindades. Rochas, blocos erráticos e pedras eretas, foram adoradas como se fossem deuses ou habitadas por deuses por todo o mundo. Por toda a parte que o homem tenha estado, ele foi influenciado pela aparência ou posição de uma rocha ou pedra, elas são lembradas com temor, assim como também como sobrenaturais, e em incontáveis casos elas foram finalmente erigidas para uma divindade, trazendo oferendas, e colocando preces diante delas. Não há necessidade de citar mais exemplos; eles são achados em cada canto do globo".

Em seu livro *Ritual*, do qual a cópia anterior foi retirada, Theodor Reik adiciona numerosos exemplos de pedras relacionadas com Deus. Ademais, Reik coloca a teoria de que a Tábua da Lei, recebida por Moisés no Monte Sinai, foram realmente deuses de pedras os quais foram ritualmente mortos por Moisés. Isto foi posteriormente registrado como se fossem tábuas de pedras quebradas em um ato de fúria causada pela infidelidade do povo para com Jahweh.

O filologista espanhol Ramón Menendéz Pidal comentou que "um costume muito antigo existe em muitos povos, dos viajantes assinalarem o local onde uma morte violenta aconteceu, atirando uma pedra, exteriorizando uma prece ou uma maldição, de acordo com a qualidade da vítima".

As pedras não somente residem na terra, elas também caem do céu. Em algumas culturas primitivas os céus são tidos como feitos de pedra. Os aerolitos têm sido adorados em muitos lugares como sendo encarnações divinas. A pedra de Pessinus, um meteorito adorado, a grande mãe Phrigiana foi trazida para Roma no tempo da segunda Guerra Púnica (218 – 201 a. C.) como resultado de uma profecia sibilina. Ela foi colocada em um templo especialmente construído sobre a colina Palatina.

A associação de pedras com divindades talvez explica, na sua conexão em Roma, o coroamento de reis (que governavam pelo poder divino). Dois exemplos notáveis, o Lia-Fail Irlandês e a Pedra de Scone (a pedra do destino) sobre a qual os Reis Escoceses foram entronizados desde o ano 838. Kenneth MacAlpine foi quem a trouxe de Dunstaffnage.

Os Romanos, quando faziam um juramento, seguravam uma pedra em suas mãos para representar a presença de Júpiter (Zeus). Ela foi chamada de "lápis Júpiter". O mesmo deus foi também o deus da chuva, e os Romanos realizavam um festival chamado Aquaelicium, durante o qual o sacerdote trazia para Roma uma pedra cilíndrica chamada *lápis manalis*. Deve ser lembrado que Zeus foi salvo de ser devorado por seu pai, o Titã Kronos (Saturno), pela troca por uma pedra (Abadir). O equivalente mítico da pedra e da carne está destacadamente explícito. Este também é o caso do mito de Meduza, do Gorgon, que transformava homens em pedras.

A palavra latina "lápis" não somente significa pedra mas também lápide. Daí o adjetivo lapidar, significando próprio para ser gravado sobre uma lápide. Dilapidado, por um outro lado, significa literalmente "com ausência de pedras".

## HERMES E A PEDRA

O deus grego Hermes possui um significado especial para os Maçons, sendo uma divindade muito próxima relacionada com o mundo subterrâneo e com o oculto (Ciências Herméticas).

O nome do deus em si mesmo sugere a palavra "pedra" ou "rocha" e também o verbo que significa "proteger". Nos primeiros tempos, Hermes foi venerado na Grécia como uma "pedra marco de milha" cujo espírito do homem nu pensava-se estava escondido. Os pilares de pedra erigidos em honra do deus foram algumas vezes substituídos por pilhas de pedras, particularmente em cruzamentos de estradas (alguma coisa similar foi praticada pelos Hebreus – veja adiante). Cada pessoa que passava adicionava uma pedra ao monte em sinal de homenagem e para invocar a proteção do deus, que não era somente o guia de todos os viajantes, tanto neste mundo como no outro, mas também o patrono dos mercadores e ladrões, os quais nos poderiam dizer alguma coisa sobre os antigos mercadores gregos!

Hermes foi um deus multifacetado: o arauto sacrifical dos deuses, o mensageiro de Zeus, o inventor da música (ele inventou tanto a lira como a flauta do pastor), patrono das habilidades ginásticas e o deus dos habilidosos e do discurso inteligente (estes não são necessariamente coexistentes). Como ele era o guia dos viventes em seus caminhos, assim ele também era o condutor das almas dos mortos no outro mundo, assim ele era amado pelos deuses destas regiões, como era também daqueles que estavam acima dele. Por esta razão, sacrifícios eram oferecidos a ele no evento das mortes. *Hermea* (pilares quadrados, geralmente terminavam com uma cabeça de Hermes e possuíam um phallus) que eram colocados sobre as sepulturas ... em geral, ele era considerado o intermediador entre os mundos superior e inferior. Como ele nasceu no quarto mês, o número quatro foi sagrado para ele.

Sendo familiarizado com o outro mundo, Hermes foi também o Deus da mineração e da escavação dos tesouros enterrados. Ele foi o deus do sono, assim como também dos sonhos. Divagando um pouco mais, então, ele está relacionado com todas as formas do conhecimento arcano, daí ele ser chamado de hermético. Sob uma destas formas, Hermes Trimegistus (o Três Vezes Poderoso) foi identificado com o deus egípcio Thoth.

Hermes aparece em um dos Graus do Rito Escocês Antigo e Aceito, e, em algumas Lojas, o conjunto dos Diáconos é encimado com o Candeceus, e a vara com cobras entrelaçadas carregada por Hermes.

## A PEDRA NA TRADIÇÃO JUDAICA

Nós já mencionamos a possível natureza das Tábuas da Lei. Pedras sagradas ou pilares, denominadas em hebreu de "Matzevot", já foram mencionadas por Heródoto (5º séc. a. C.) e aparecem em diversos lugares do Antigo Testamento.

Jacó, depois de admirável acordo com Labão, erigiu um

monumento de pedra, o qual ele chamou Gal-Ed (Pilar Testemunha). Moisés erigiu doze pilares de pedra próximo ao altar dos sacrifícios.

Depois de atravessar o rio Jordão, Josué ordenou a retirada de doze pedras do leito do rio, uma para cada tribo, colocando-as de pé nos seus campos e carregando-as posteriormente em seus ombros em memória da passagem em terreno seco (Josué 4). Josué também colocou outras doze pedras no meio do rio, no local onde os sacerdotes haviam estado carregando a Arca da Testemunha. Finalmente Josué erigiu em Gilgal as doze pedras que ele havia trazido do Rio Jordão, para que as futuras gerações pudessem conhecer o que o Senhor havia feito no Jordão, justamente o que ele havia feito no Mar Vermelho.

Posteriormente, Josué construiu um altar no Monte Ebal, feito com pedras toscas, no qual não foram usados instrumentos de ferro (Josué 8:30-31). Finalmente, antes de morrer, ele gravou uma Lei em uma grande pedra que colocou sob um carvalho em Shechem, como testemunha contra o povo de Israel, por ele ter traído a sua aliança (Josué 24:26-27).

Samuel colocou uma pedra, a qual ele chamou "Ebem-Ezer" (Escada da Ajuda), depois que os Palestinos foram derrotados em Mizpah (1 Samuel 7:12). Adonias ofereceu um sacrifício próximo à rocha de Zohelet (Joyful), próximo à fonte de Rogel (Reis 1, 1:9).

Nós poderíamos continuar multiplicando exemplos, mas um ponto está claro: os antigos hebreus usaram "pedras brutas" como seus monumentos rituais e altares.

A escada de Jacob, que figura nas Tábuas de Delinear do Primeiro Grau, está diretamente relacionada ao pilar de pedra erigido por Jacob depois do seu sonho. Ele usou a pedra como travesseiro e derramou uma libação de óleo para consagrar o Memorial (Gênesis 28:18). O nome de Jacob "Beth-El", aonde ele teve o seu sonho, significa a casa de Deus. De acordo com o comentário de Reik sobre este episódio, a pedra em si mesma é uma imagem de Deus e somente assim a sua consagração pode ser entendida.

Esta identidade da pedra, e o ser humano e a divindade antropomórfica, joga luz sobre o dizer: "Olhe para a pedra da qual você foi cortado e da pedreira da qual você foi cortado; olhe para Abraão seu pai e para Sarah, que deu o seu nascimento" (Isaías 51:1-2). Existe um costume judeu, já mencionado, de colocar uma pequena pedra sobre uma sepultura visitada. Isto pode ter relação com o costume dos viajantes gregos de adicionar uma pedra ao monumento de Hermes, para assegurar uma jornada segura. Hermes, como foi citado, foi também o guia dos mortos.

Cortar a pedra poderia ser considerado como injuriante à divindade. Isto explicaria a antiga injunção contra o uso de cortar pedras para a construção de um altar (veja em Êxodos 20:25). Um outro exemplo deste tabu é o fato de que enquanto estava construindo o Templo do Rei Salomão não se ouvia nenhum som do machado, cinzéis ou qualquer outro instrumento de metal no local da construção (Reis1 6:7), todos os blocos de pedra foram cortados na pedreira. Uma possibilidade interessante foi levantada nesta conexão pelo Irm∴ Willian C. Blaini, que observou que a profundidade da caverna de Zedequias – usada como pedreiras nos tempos antigos, e que se localiza na seção ocidental da Antiga cidade de Jerusalém, para evitar que qualquer tipo de ruído alcançasse o local no Templo sobre o Monte Moriah.

Uma outra importante lenda relacionada com este assunto, é aquela relacionada com o maravilhoso instrumento particular de Salomão (o verme de "shamir" ou pedra) criado na véspera de Sabbath, que poderia cortar qualquer tipo de pedra.

Existe é claro a famosa passagem do Salmo 118:

> *A pedra que os construtores rejeitaram tornou-se a pedra angular (pedra fundamental).*

Isto tornou-se a base de todo um Grau da Maçonaria.

## A PEDRA NA TRADIÇÃO CRISTÃ

O melhor exemplo da importância da pedra nos ensinamentos cristãos é o caso de Simão, o pescador, chamado de Peter (Petrus – a pedra) por Jesus: "Por isso eu lhe digo: você é Pedro, e sobre esta pedra construirei a minha igreja" (Mateus 16:18).

O Papa, como sucessor linear de Pedro, é chamado de Santo Pai. A conexão entre Pater (pai) e Petrus (pedra) é óbvia. Na linguagem hebraica, também as mesmas letras formam a palavra "pai" (*av:* alef-beth) aparecem na palavra para "pedra" (*even:* alef-beth-noon).

Em um outro exemplo, mesmo Cristo é comparado com uma rocha (Cor. 1 10:4).

Uma passagem no livro da revelação (2:17) menciona uma pedra branca com um nome secreto escrito sobre ela que somente o recipiendário entenderá.

De acordo com uma história relatada por Marco Polo em seu livro de viagens, os três magos receberam do menino Jesus um presente em troca de ouro, mirra e incenso, que eles haviam trazido para ele. Este foi um pequeno pacote, o qual após ser aberto revelou conter uma pedra. Sem imaginar a importância do presente, os três reis orientais jogaram dentro de um poço, o que eles acreditavam ser somente uma pedra sem importância; neste momento um fogo caiu dos céus dentro no poço. Observando o milagre, os reis chegaram à conclusão muito tarde, de que a pedra que eles haviam jogado fora simbolizava a força e a constância na fé, que se esperava deles. Eles pegaram e levaram com eles uma porção do fogo dos céus, e o levaram aos seus respectivos países. Segundo a lenda daqueles dias, esta é a origem dos adoradores do fogo da Pérsia.

O Santo Gral é descrito no "Parzival" não como uma taça, mas como uma pedra de dureza da maior espécie, chamada *lapis exilis,* o que traz a mente a pedra dos alquimistas. De acordo com uma outra versão a taça era feita de esmeralda (em si mesma, uma pedra).

## A PEDRA NA TRADIÇÃO ISLÂMICA

O ponto central da adoração de um islâmico é a Ka'aba em Meca. Cada islamita piedoso deve fazer uma peregrinação a Meca (o Hadj) no mínimo uma vez na vida, fazendo cinco circunvoluções ao redor do santuário de Ka'aba, a Pedra Negra, a qual, de acordo com as testemunhas que a descrevem, parece ser um meteorito. Os peregrinos também jogam pedras nos pilares que representam o demônio nos arredores de Mina.

Em Jerusalém, existe uma pedra na Cúpula da Rocha, construída no ponto onde se supõe era localizado o Sanctum Sanctorum do Templo, da qual diz-se Maomé pulou para os céus, montado em seu cavalo branco "Al Burac".

## A PEDRA NA LITERATURA MAÇÔNICA

Nos Rituais e lendas maçônicas, a pedra desempenha um papel importante. Começando com o Aprendiz, que se ocupa de desbastar a pedra bruta, com o martelo e o cinzel, e que culmina com as diversas formas de pedras aparecendo nos diferentes Graus de Mestre Maçom e do Real Arco, dificilmente existe uma cerimônia na Maçonaria simbólica, que não esteja de alguma forma relacionada com pedras.

Depois da complementação da Cerimônia de Iniciação, o novo Irmão é colocado em uma posição em particular dentro da Loja, e geralmente lhe é dito que ele representa a pedra angular sobre a qual o Templo espiritual da Maçonaria é construído.

O Irm.·. G.W. Speth forneceu uma quantidade de evidências para dar suporte à teoria de que as pedras angulares possuíam originariamente um caráter sacrifical, destinado a fornecer a alma que protegeria o novo edifício.

No decorrer da sua progressão, o Aprendiz Maçom eventualmente torna-se um Mestre Maçom, e então ele desempenha uma parte no papel como vítima de um crime que, aparentemente, possui pouca conexão com pedras angulares. Entretanto, uma possível explicação para a lenda de Hiram, é que ela também se refere a um ritual de sacrifício, destinado a fornecer a alma humana para o Templo do Rei Salomão. Na Cerimônia de Iniciação, um homem desempenha um papel de pedra angular, enquanto que na cerimônia dos construtores, a pedra desempenha o papel de vítima humana. A imutabilidade da pedra e da carne, observada em uma seção anterior deste trabalho, encontra aqui uma outra explicação.

No Manuscrito Register House de Edimburgo (1696), nas Jóias da Loja estavam incluídas a **Perpend Esler e a Broad Oval.** A primeira é uma pedra perpendicular, o que quer dizer uma pedra colocada transversalmente através de uma parede, enquanto que a segunda acredita-se ser uma corrupção de uma **"broached dornal"**, o que quer dizer uma pedra cinzelada.

Uma informação similar aparece no Manuscrito Chetwode Crawley (c. 1700: **"perpendester" e "broked-mall"**.

Os trabalhos dos Maçons são assim descritos no Manuscrito Dunflies Nº 4 (c.1710): "Trabalhar de todas as formas no digno trabalho em pedra: Templos, Igrejas, Conventos, Cidades, Castelos, Pirâmides, torres e todos os outros trabalhos dignos em pedra". No mesmo manuscrito nós achamos uma referência aos "dois pilares de pedra", um deles não afunda, e o outro não poderia ser queimado, e que possuía a nobre arte ou ciência.

O Maçom em si mesmo, como nós temos observado, está intimamente ligado a uma pedra. No prefácio dedicatório de Robert Samber para *Long Livers* (London, 1722), nós encontramos uma definição piedosa: "Nós somos pedras vivas, construindo uma casa espiritual, que acredita e repousa sobre a *Lapis Angulares* maior, a qual é refratária e desobediente aos Construtores rejeitados ..." A referência, é claro, é para a passagem do Salmo 118 anteriormente citada, usada no Grau de Marca.

Nós poderíamos multiplicar o exemplo da pedra em nossos Rituais, mas exemplos suficientes já foram citados anteriormente para justificar a nossa tese.

Concluindo, os vários e profundos significados da pedra como objeto físico e como alegoria, torna fácil de entender, porque a arte da construção deveria ser selecionada, como veículo apropriado para transmitir os ensinamentos místicos e filosóficos da Maçonaria especulativa, nas suas diferentes manifestações.

O Maçom, o entalhador de pedra, é visto como partícipe dos muitos dos atributos do sacerdote e do demiurgo, o qual na filosofia platônica representa o arquiteto que modela o mundo sensível.

# "Ao Lado do Pilar... como era o Costume Antigo" (Reis 1 11,14)

*PELO IRM∴ WAKTER SHARMAN*

## INTRODUÇÃO

No primeiro Grau o Iniciado toma conhecimento do nome da coluna do lado esquerdo do Templo do Rei Salomão e do seu significado; no segundo Grau ele toma conhecimento da coluna do lado direito. Informações mais detalhadas, com relação a estas colunas são dadas na Tábua de Delinear do Segundo Grau, da sua construção, dimensões, da sua finalidade memorial, e também os detalhes do seu arquiteto, o construtor Hiram Abi. Tudo isto é comunicado em poucas páginas de papel, apesar de todo o Ritual possuir 160 páginas. É a finalidade deste trabalho explorar com mais profundidade o significado completo e o passado das colunas do Rei Salomão, e se for possível aumentar o conhecimento sobre elas.

## O PAR DE PILARES ANTEDILUVIANOS

O que talvez seja a lenda mais antiga que diz respeito a um par de pilares chamados de antediluvianos, porque eles foram construídos por Noé antes do dilúvio. Depois da morte de Abel, assassinado por Caim, nasceu um outro filho para Adão e Eva, chamado Seth. Contrastando com as más inclinações de Caim, Seth e seus descendentes, entre os quais estão incluídos Enoch e Lamech, estes levaram vidas virtuosas. Dentre outras coisas, eles foram tidos como desenvolvedores da ciência da astronomia, da divisão do tempo em semanas, meses, e os anos solares e lunares, e tendo inventado o alfabeto hebraico.

Existe uma lenda que diz que eles sabiam que o mundo iria ser destruído tanto pelo fogo como pela água, assim eles imaginaram as maneiras de proteger os conhecimentos adquiridos pela humanidade através das inscrições, sobre os dois pilares, um de tijolos e um de pedra, na esperança de que no mínimo um sobreviveria à catástrofe (Louis Ginzberg, *As Lendas dos Judeus,* Vol. 1, pp. 121/2, e também do Vol. 5, pp. 149/50). Josephus no seu *Antigüidades dos Judeus,* relata a mesma lenda. Veja também Harry Carr na AQC nº 75, p. 204.

Em uma versão diferente da lenda, a construção dos pilares foi atribuída a Jabal, filho de Lamech, descendente de Caim. A Jabal se dá o crédito de ter desenvolvido a geometria e a arte da construção (Maçonaria); seu Irmão Jubal criou a música e o canto, e seu meio irmão Tubal Cain, tornou-se o primeiro artífice em metais; e sua irmã Na'amah foi tida como sendo a primeira pessoa a inventar a tecelagem (Veja W. J. Williams na AQC nº 51, pp. 100, "Os Pilares Antediluvianos em Prosa e Verso").

Harry Carr também discute as lendas Pré-Diluvianas em seu trabalho "Pilares e Globos"; "Colunas e Castiçais" (AQC 75, pp. 204-211) onde ele diz que um dos pilares era feito de mármore e não se queimava, enquanto que o outro feito era de "lacerus" e não afundava. Eles eram o meio de preservar o conhecimento científico. Esta idéia de preservar o conhecimento, no mínimo em forma de arquivo, foi posteriormente enxertada na lenda da Salomônica, alegando que elas eram ocas. Deve-se observar que nem todos os estudiosos aceitam esta teoria (veja, ex.: Alex Horne, *O Templo de Salomão na Tradição Maçônica, p. 219*).

O que é pensado ser um dos documentos maçônicos mais antigos, o *Manuscrito Matthew Kook* (c 1410) diz respeito aos Pilares Antediluvianos. O texto deste manuscrito foi impresso no Vol. II da AQC. Ed. por G. W. Speth, 1890, e no D. Knoop, G. P. Jones & D.

Hamer, *Os dois primeiros Manuscritos,* Manchester, 1938. O Manuscrito original está na Livraria Britânica. A lenda dos Pilares neste manuscrito, é também baseada na versão de Jabal.

O Manuscrito Kook contém uma lenda (linhas 322-3), que diz que depois do dilúvio foi um dos pilares achados pelo matemático grego Pitágoras, e o outro pelo filósofo Hermes.

## O PLANO DE SOLO DO TEMPLO DO REI SALOMÃO

Eu estou em dívida com o Irm.·. R. Berger de Jerusalém, por me fornecer os detalhes do plano de solo do Templo. O Tempo do Rei Salomão está de conformidade com o conceito da construção de templos do antigo Oriente próximo. Afinal de contas, Hiram Abi foi criado e educado na arte de construção em Tiro. O local do Templo possuía significado de culto durante os tempos dos Jabuseus – o solo batido de Araúna, sobre o qual o Rei David construiu um altar. Existe também a tradição de que o alto do Monte Moriah foi o local em que foi amarrado Isaac. O local do Templo estava situado parcialmente dentro do território da tribo de Benjamim, tribo do Rei Saul, e parcialmente dentro do território da tribo de Judah, tribo Real do Rei David.

O plano de solo do Templo é similar aos daqueles templos Sírio-Palestinos. De acordo com muitos estudiosos, principalmente o professor Yigar Yadin (*Livro Jerusalém,* 1956, pp. 178 + 185, texto em hebraico) ele não era diferente daquele um pouco menor do século nono, o Tempo e Tel Tainah (do norte da Síria), e também daqueles de Megido e Bet She'na (em Israel).

O templo consistia de três partes, um pórtico de frente aberto, uma sala de frente, e uma sala na parte de trás. Ele foi de fato o plano de uma antiga casa de vivenda oriental. O pórtico frontal, em um clima quente, era muitas vezes nada mais e nada menos do que um pátio murado, era a parte "pública" da casa, aonde os convidados eram recebidos e bem-vindos. Dentro na sala da frente, separada do pórtico frontal por uma porta ou biombo, era uma combinação de uma sala de estar e dormitório para as crianças. A sala de trás seria separada por uma porta ou biombo, e era o dormitório do proprietário e de sua mulher ou mulheres, e a ela nunca era permitida a entrada de convidados. O Templo, sendo a Casa de Deus, possuía um plano de solo antropomórfico similar. Aqui, temos um paralelo com o Pórtico (Ulam), sala principal para os ofícios divinos (Hechal), e o Santo dos Santos (Devir). O Templo do Rei Salomão era voltado para o Ocidente, favorecendo a adoração do sol. Em uma nota de rodapé, Alex Horne (op. cit., na p. 204 citando a *Enciclopédia Judaica)* chama a atenção do leitor para Ezequiel 8:16, que relata um caso de um pecado abominável de adoração do sol, cometido no Templo, em frente ao Oriente.

## OS DOIS PILARES DE SALOMÃO

Nem todos os estudiosos vêm os pilares na mesma luz. Assim o Dr. Carol Myer, em seu trabalho "Jachin e Boaz, na Perspectiva Religiosa e Política" (na *Catholic Biblical Quarterly,* 1963, p. 169), argumenta que os primeiros estudiosos nos anos trinta e quarenta, não reconheciam o significado dos pilares livres, os quais eram conhecidos de pesquisas arqueológicas que suportavam um número de templos do mundo antigo. Estes pilares exteriores também aparecem nas moedas do primeiro século, em Cypros e Cidron, nas quais pode se ver ficavam claramente fora das estruturas do templo.

Estes pilares que ficavam do lado de fora do Templo, e que se relacionam a nós Maçons, quase que com certeza estavam claramente visíveis, assim fornecendo um contraste com a invisibilidade do interior do Templo, particularmente com o Devir, o Santo dos Santos, o qual de fato estava "fora dos limites", e que não era visto, não somente pela população em geral, mas também pelo clérigo em geral. *"Assim os pilares gêmeos apareciam enormes na entrada do Templo, fornecendo uma ligação com a grandeza não vista do interior"* (Myers, p. 173). Eles formavam realmente um memorial para os filhos de Israel, quando iam e retornavam da Adoração Divina.

Os pontos posteriormente mostrados pelo Dr. Myer, também fornecem uma mensagem visual poderosa, em um tempo que quase não existia literatura, e que não se podia falhar ao se passar uma mensagem para que ela fosse entendida através das coisas, para aqueles que as viam. A mensagem dos dois pilares fixos na porta de entrada do Templo era clara. Eles reforçavam a divina Legitimação da realeza, da dinastia real, uma vez que a Divina Presença ou Shechinah havia se estabelecido em seu grande e inacessível interior (Reis 1, 8:10). A dinastia neste caso era a do Rei David, e do seu filho Rei Salomão.

Alex Horne ( *op. cit., pp. 230/31)* faz uma afirmativa que eu acho difícil de aceitar. Ele cita Êxodos 14:20, como prova de que existia realmente somente um pilar guardando os israelitas, aparecendo como fogo durante a noite, como se fosse uma nuvem negra durante o dia. O comentarista mais importante da Bíblia Judaica, Rashi (1040-1105), tem isto a nos dizer:

> *O pilar de nuvem fazia esta função, colocando-se entre os dois campos, de maneira que a luz dada pelo pilar de fogo que ficava em frente dos israelitas, não alcançava os Egípcios, desde que ela, a luz, não podia penetrar o pilar de nuvem que separava os dois campos (Siberman* ***Pentateuco****, p. 140). A mesma idéia é expressada na Soncino* ***Pentateuco****, citando Sforno (1475-1550).*

Se os pilares exteriores livres eram manifestações da aprovação divina da dinastia real, segue-se que depois do final da monarquia de Jedeão, e da destruição do Templo de Salomão no ano de 585 a. C., não existia mais a necessidade destes pilares na reconstrução do Templo. Realmente, ele foi erigido sem estas adições, e nem tampouco Mishna, e nem Gemara têm algo a dizer sobre os pilares. É muito triste ler-se no primeiro livro de Jeremias (52:17) o destino dos dois pilares. Eles foram destruídos pelos Babilônios, para facilitar o seu transporte, e da mesma forma o metal foi usado em adoração pagã. A poeira dos séculos caiu e cobre a Babilônia, mas nós podemos refletir com o Rabino Dr. S. R. Hirst, que a verdade é que os pilares deveriam nos ensinar – para que as verdades sejam válidas até hoje em dia, como elas o foram, pela primeira vez erigidas – **existe a necessidade de estar sobre fundações firmes da mesma forma que Jachim, e com segurança de Boaz, para emergir virtuosamente todos os embates da vida.**

## OS NOMES DOS PILARES

O professor R.B.Y. Scott, no *Journal of Biblical Literature,* 58, Montreal, 1939, nos diz que "Os Pilares de Jachim e Boaz" (p. 145), em contraste com algumas dezesseis escavações de outros pilares deste tipo, entre os quais ele enumerou, aqueles do Templo do Rei Salomão, e que possuem nomes significativos, parecem reforçar a sua mensagem espiritual, e significado de culto. No seu ponto de vista, nenhuma explicação satisfatória foi apresentada, para os "curiosos" nomes de Jachin e Boaz. Ele cita um certo número de possibilidades Judaicas, Fenícias e Babilônicas, mas ele não encontra realmente nenhuma convincente. Ele segue em frente, para dizer e sugerir que os nomes dos dois pilares mencionados na Bíblia, eram as duas palavras das inscrições gravadas sobre as colunas. "Possa o Senhor estabelecer (Jakhin), o Trono de David, e o seu Reino para sempre", e talvez "Em Segurança (Be'oz) do Senhor, deva o Rei se alegrar" (Salmo 21,2). A explicação de Scott foi subseqüentemente dada na *Enciclopédia Judaica,* sob o título compreensivo, o Templo.

As primeiras referências aos pilares, em Reis 1, 7:21 e posteriormente em Crônicas 2, 3:17, simplesmente copiam os nomes, como se eles tivessem nomes pessoais. A tradução popular da Bíblia Soncino, inclui um comentário feito pelo Ver. Dr. I.W. Slotki:

*Jackin:* *Hebraico para Ele (Deus) estabelecerei.*

*Boaz:* *composta de duas palavras "bo" (em ele), "az" (segurança). Os pilares representam uma testemunha do poder de Deus.*

## O SIGNIFICADO DO LOCAL

O nosso Ritual é bastante explícito em colocar o pilar **"B"** no lado esquerdo da entrada do pórtico do Templo do Rei Salomão e o pilar **"J"** no lado oposto, isto é, do lado direito. Entretanto, o Ritual não diz se suas posições são em se olhando de fora do Templo na direção do Oriente, ou através do Templo (de dentro para fora) na direção do Ocidente. Nós podemos aceitar que o Templo foi construído com a entrada no Oriente e o Santo dos Santos no lado oposto ou no final do lado Ocidental (*Mishna*, Seder Kesoshin – Midot). De uma maneira indireta Crônicas 2, 4:10, fornece uma resposta. Quando se refere ao "Mar Fundido" (Bronze) (Uma imensa bacia d'água), um dos implementos do Templo produzidos simultaneamente com os pilares, este verso diz especificamente:

*E ele colocou o mar de bronze fundido no lado direito (da Casa) no Oriente, no lado Sul.*

O comentário da Bíblia Soncino, adiciona "no canto Sudeste". Portanto, esta deve ter sido a posição do pilar **"J"**, que colocaria o pilar **"B"** no canto Nordeste, canto do lado esquerdo, ambos de uma posição dentro do Templo, olhando para fora ou na direção do Oriente.

Esta portanto deve ser a explanação correta em linha com o nosso Ritual. Qualquer ilustração, como as das Tábuas de Delinear, que mostre o acesso ao Templo, deveria naturalmente mostrar uma posição oposta.

Eu tenho cuidadosamente examinado os trabalhos de um considerável número de estudiosos, e encontrei a maioria deles concordando com este ponto de vista. Deve-se levar em consideração que existem pontos de vista discordantes. Os favoráveis são os seguintes:

Harry Carr (AQC) 75); T.N. Cranstoun-Day (AQC 78); E.L. Hawkins; Rabbi S.R. Hirsh; Alex Horne; J.W. Horsley (AQC 21); B.E. Jones; Josephus; A.G. Mackey; Dr. Carol L. Myers; N. Rogers (AQC 68); Prof. R.B.Y. Scott; e Dr. M. Spandgenthal.

Opiniões contrárias têm sido manifestadas pelo Dr. R. Berger (na *Enciclopédia Judaica)* e por Alex Horne, os quais se referem a um ponto de vista de uma possível entrada principal no lado ocidental do Templo (mas veja também logo adiante).

Aceitando a localização Nordeste para **"B"** e Sudeste para **"J"**, aparecem outras considerações. As fronteiras das tribos de Judah e Benjamim passavam diretamente sobre o local do Templo. O canto Sudeste, portanto a posição de Jackin, pertencia à tribo líder de Judah, que era proveniente da dinastia real de David, enquanto que a parte Nordeste, na qual estava o pilar Boaz, pertencia ao território de Benjamim, a menor tribo, descendente do Rei Saul, primeiro Rei de Israel. O leitor se lembrará que somente um dos doze filhos de Jacob, Benjamim, é que realmente nasceu na terra prometida para Israel.

Alex Horne (op. cit., p. 203) relata outro ponto interessante, citando Josep Young, da maneira como se segue: "... nos tempos antigos hebraicos, eles se referiam aos quatro pontos cardeais do compasso, a partir da posição do homem olhando na direção do nascer do sol, isto é, o lado direito e o Sul eram sinônimos". Este ponto de vista também é expressado na *Enciclopédia Bíblica* e parece favorável à maioria das opiniões da localização dos pilares.

## OS PILARES E AS CERIMÔNIAS DE COROAÇÃO

Em Reis 2, 11: 9-16, existe uma descrição de uma revolta contra Athaliah, provavelmente a única revolta durante a monarquia

Judeana. O jovem Rei Joash, se escondeu por mais de sete anos das tentativas de Athaliah de assassiná-lo, pois ele já tinha assassinado outros membros da casa real. E no momento oportuno ele foi apresentado ao povo para ser coroado, e Atholiah suicidou-se. O que é significativo para nós, é o fato que a coroação aconteceu **"ao lado do Pilar", como era o costume.** Existe uma lenda encantadora de que a "coroa real da Casa de David possuía a particularidade especial de não caber na cabeça de ninguém, exceto no legítimo sucessor de David" (Ginsberg, *Lendas dos Judeus,* vol. 4, pp. 258/9).

O Deuteronômio 17:18 constitui uma Ordem positiva, de que o novo rei necessita ter (ou que lhe seja dada) uma cópia do Torah, isto é, Pentateuco. Esta cópia o Rei deveria ter consigo todos os dias de sua vida. E é também parte da cerimônia de Coroação dos Monarcas Ingleses, de que uma cópia da Bíblia seja presenteada a ele ou a ela "... a coisa mais preciosa do mundo".

A cerimônia de coroação de Joash, foi de fato mais do que um ato de fazer um rei: ela foi a renovação da dinastia, e neste caso a de David, aquela que havia sido interrompida pelo reinado fora da lei de Athaliah. Este ponto de vista é confirmado por um número de escritores maçônicos e outros escritores também (por exemplo I.W. Horsley, AQC 21; H. Carr, AQC 97; assim como também pelo Professor R.B.Y. Scott e pelo Dr. Carol Myers). Mas há que se destacar quão comparativamente poucos comentaristas mencionam o papel desempenhado pelos Pilares na coroação dos reis da linhagem de David.

É também relevante que o Rei Josiah, ficou "... ao lado do pilar" (ou plataforma) quando ratificou a aliança com o Todo Poderoso (Reis 2, 23,3) "... a seguir o Senhor, e obedecer os seus mandamentos" ... e todo o povo, manteve a aliança.

## OS PILARES E OS PAGAMENTOS DE SALÁRIOS

As seguintes observações, contidas no *Catechisme des Francs-Maçons* (1744), citadas por Harry Carr na The Early French Exposures, p. 104, são também interessantes de observar:

*Pergunta:* Qual é o significado de Jackin?

*Resposta:* É o nome de um dos pilares de bronze que ficavam no Pórtico do Templo de Salomão, aonde os Aprendizes se reuniam para receber os seus salários.

Existe sempre uma pergunta sem resposta: aonde os Aprendizes recebiam os seus salários antes da construção da câmara ao lado (ou sala adjacente) do Templo, e especialmente a Câmara do Meio?. A citação acima parece ser no mínimo o começo de uma resposta.

## CONCLUSÕES

O significado dos lendários Pilares Antediluvianos, está evidente, é que eles preservaram os conhecimentos científicos acumulados. Enquanto não parece existir qualquer escrito, ou outro suporte para a teoria de que os pilares de Salomão serviram de arquivos de livros Bíblicos, que davam o significado dos pilares. Jeremias 52:21 indica que os pilares foram modelados ocos, e as suas paredes tinham cinco dedos de largura em espessura. Deve ter sido tentador, especialmente tendo em vista as lendas dos primeiros pilares, para embelezar o folclore maçônico, adicionando a história de como eles fossem depósitos de arquivos.

Se o Dr. Myers está correto em sua conclusão, de que o pilares de Salomão a princípio serviam para impor a legitimação Divina para a dinastia dirigente – neste caso, a de David – segue-se que, depois dos reinados dos vinte reis de Judah, não existia mais razão para a existência de pilares frontais livres, quando foi construído o Segundo Templo. Esta foi realmente a situação, e aparentemente a razão, para que pouco seja mencionado de *Jackin e Boaz* nos últimos livros, fontes de informação judaicas.

As primeiras Cerimônias de Iniciação Maçônicas, eram aparentemente ligadas com os pilares, justamente para também legitimar e para elevar a Iniciação ao mais alto nível possível. Existem evidências para demonstrar que ambos os pilares foram usados para a Cerimônia do primeiro Grau, e foi somente em um estágio posterior, que o Ritual foi dividido entre o primeiro e o segundo Grau, até onde os dois pilares estavam relacionados. Harry Carr, Bernard E. Jones e outros confirmam este ponto.

Um eco desta prática é encontrado em Lojas da Escandinávia, onde normalmente ambos os Vigilantes se situam no Ocidente, e os dois pilares são colocados próximo a eles, formando uma espécie de portal através dos quais o Iniciado passa em sua admissão (Harry Carr, AQC, 75, p. 206). A revelação francesa *Trahi* também mostra um Plano de Aprendiz, com ambos os pilares "J" e "B". Fica claro que certos aspectos cerimoniais foram perdidos nos anos de formação da Maçonaria, possivelmente submergidos pelo volume de novos desenvolvimentos, e é um desafio estimulante assistir o lançamento destas descobertas mais uma vez.

# Algumas Observações sobre a Quinta Seção da Instrução dos Primeiros Rituais do Arco Real

*PELO IRM∴ A. J. OWEN*

Por muitos anos, e particularmente desde a formação da Grande Loja Unida da Inglaterra e do seu Grande Capítulo, os Rituais da Maçonaria Simbólica e do Arco Real têm sido revisados. Estas revisões foram sem dúvida necessárias, mas no processo de informação tem sido descartado o que é de valor, e o que pode ser usado para se obter uma visão interna do pensamento daqueles que compuseram os Graus originais. Meu interesse foi despertado quando da preparação do trabalho sobre a semelhança do motto do Arco Real com as palavras latinas contidas em um poema, de 1625 do *Hermetic Museum*, eu li no material revelador de Carlile, que os triângulos entrelaçados se referiam à união do fogo e da água. Na mesma seção que se relacionava com a Jóia do Arco Real, nós lemos: "E aqui nós achamos o mais perfeito emblema da ciência da Agricultura; não parcial, como o Basilideano ...". Até onde eu saiba, esta é a única referência nos Rituais da Maçonaria e do Arco

Real, a um ensinamento Gnóstico Cristão, juntamente com outras afirmativas da seção, ele ajudou-me a escrever este trabalho.

O mito ou lenda Philostorgius, que forma as bases da cerimônia do Arco Real, a passagem dos véus, e a primeira cerimônia da descoberta pelos forasteiros das três câmaras separadas, são bem descritas no livro do Irm.·. Bernard Jones, e não necessitam ser repetidas aqui. Ele menciona os primeiros manuscritos e publicações que estão preservadas na Livraria da Grande Loja, que contêm os catecismos na forma de instrução, mas ele não faz comentários sobre o assunto. A instrução dá mais detalhes da cerimônia, e aumenta diversos aspectos do simbolismo, como, por exemplo, a quinta seção da instrução diz respeito ao "grande pedestal", à Jóia, ao Tau Triplo, à vara, e bandeiras. É o parágrafo que diz respeito à Jóia que atraiu a minha atenção.

## Z EXPLICA A JÓIA?

Na publicação de Finch, que parece ser datada de 1804, a resposta dada pelo forasteiro para esta pergunta é:

> *Na base do pergaminho, está o motto,* ***Nil nisi clavis deist, cujo significado*** *pode ser tomado literalmente; próximo um anel circundante, o emblema da Eternidade, e o motto* ***Talia si jungere possis, sit tibi scire satis****. Os dois triângulos intersectados representam o fogo e a água, a Prece e a Remissão, a Petição e as Bênçãos, como muitas outras; e o motto é uma declaração do usuário, de que ele está desejoso de cumprir o seu dever, desejoso de justiça, a qual faz a ligação da corrente da Criação, onde o seu Grande Criador tenha achado apropriado colocá-lo.*
>
> *Dentro de um outro triângulo, com o Sol no centro, com seus raios saindo por todos os pontos, um emblema da deidade, representada por um círculo, cujo Centro está em todo o lugar, e que a Circunferência não está em nenhum lugar, portanto significando a Sua Onipotência, e que cada um de seus atributos deve ser a perfeição.*
>
> *Ele também é o símbolo da Geometria. E aqui nós achamos o mais perfeito emblema da ciência da Agricultura, não um emblema parcial como o Basilideano, calculado*

*para um determinado clima ou de um país; mas universal, perfurado por um par de Compassos que partem do centro do SOL, e sustentando um Globo, significando a Terra, e portanto representando a influência daquela gloriosa Luminária, tanto sobre a criação animal como a vegetal; aconselhando-nos a desempenhar cada operação na Estação apropriada, para que não percamos os frutos do trabalho. Embaixo de tudo isso as letras compostas T.H. ou parte do A.R. Assinatura de Maçons.*

Os manuscritos escritos à mão que são datados do início do século 19, possuem as palavras de modo similar, com a adição da tradução do motto *Talia si* ... dada como "Se você pode ajuntar estas coisas, ou retirar as inferências próprias delas, então você possui sabedoria suficiente", e os "triângulos intersectantes" estão ortografados assim "A intersectante". Em um outro manuscrito escrito à mão, que afirma ser um Ritual do Capítulo St. Georges Nº 140, usado de 1786 a 1837, a hexalpha é mostrada depois das palavras "dois triângulos intersectados", e o motto é tido como "tendo referência com a sociedade como um todo, é uma declaração do usuário, de que o seu nome é colocado ali como se fosse uma assinatura, indicando que ele conhece a si mesmo, como sendo um daqueles que podem com alegria dizer bem alto "Eureka", e que ele é um daqueles que por explorar os trabalhos de Deus, e que portanto conhece seu ..." [eu não consegui decifrar a última palavra]. Este manuscrito inclui o elemento ar, o qual é dito ser representado pelos interstícios da Jóia.

Claramente todos estes manuscritos emanam os mesmos ensinamentos, principalmente as relações do homem para com Deus, o seu lugar na Criação, e a influência de Deus, e a exigência dos elementos para com natureza dos reinos vegetal e animal. É neste sentido alegórico que o sistema Basilideano é rejeitado.

## O BASILIDEANO

A história registra dois homens com o nome Basilides. Um foi um Soldado Romano martirizado depois da sua conversão ao Cristianismo. O outro era um professor de Gnosticismo em Alexandria, e são os seus ensinamentos que nossos primeiros companheiros não gostavam. Neste trabalho, o termo vago Gnosticismo, derivado da palavra grega Gnosis, significando Conhecimento, cobre uma tentativa de explicar o dualismo físico e moral, do bem e do mal no Universo. Cristãos Gnósticos como Besilides (c. 125 AD) e Valentius (c. 135 AD), acreditavam que Deus não poderia transformar-se em homem; o seu sistema procurava explicar, principalmente através das graduações dos céus (aeons), período de tempo muito longo para ser medido, como o bem espiritual poderia tornar-se térreo. O sistema Belsilides foi registrado por Irenacus e Hippolytus, e apesar de existir algumas dúvidas de como detalhá-lo, a idéia básica é resumida por Wand, como segue:

> *A Suprema cabeça de Deus, é a não existência. Abaixo Dele existem 365 céus, que foram criados por ele, e dos quais nós vemos somente o mais baixo e o último. Aquele é o lar dos anjos criadores, de quem o Deus dos Judeus é o chefe. O longo caminho descendente da não existência ao mundo material, do abstrato ao concreto, não tem sido completado sem obstáculos. A confusão entrou no se interior, e o presente desafio é restaurar a harmonia. Com este objetivo em mente, o evangelho, identificado com o Bom Senso, desceu do Supremo, passando através de todos os céus, baixou sobre Jesus, o filho de Maria, assim inspirado, foi elevado aos céus sem sofrimento, porque na crucificação quem morreu realmente foi Simão Cirineu.*

Epiphanius, escreveu que encontrou esta seita no Egito no final do século quatro; depois disto parece que ela desapareceu.

O sistema Basilideano adotou a palavra ABRAXAS ou ABRASAX, como uma designação misteriosa de Deus, que combinava em si mesma todo o poder dos sete planetas; em numerologia, os números das sete letras somam 365. A palavra tem sido achada gravada em amuletos pagãos e "Pedras Abraxas". O Irm∴ Read partilhou-as com as conexões maçônicas; informações posteriores estão no Mead, Hastings, e na *Enciclopédia Britânica*.

A breve citação do Cristão Gnóstico Valentinus de Alexandria e de Roma, e do seu sistema de 36 fases da Deidade (céus, aeons) sizígias ou pares, macho e fêmea, associadas umas com as outras é relevante, porque alguém poderia estar tentado fazer a conexão das sizígias com o par das palavras dos primeiros catecismos, principalmente o "Fogo e a Água, Prece e Remissão, e Petição e Bênçãos". A conexão deve ser descartada por duas razões. Primeira, o motto, a hexalpha e os elementos fogo e água, com certeza originaram-se dos alquimistas e de sua filosofia hermética; segundo, os ensinamentos heréticos de Basilides e Valentinus, foram rejeitados pela Igreja.

Claramente não existe a necessidade de fazer maiores comentários sobre este sistema gnóstico.

## A FILOSOFIA HERMÉTICA ALQUIMISTA

A literatura Alquímica dos séculos 16 e 17, possui mais comentários sobre a aplicação da filosofia hermética, do que estudos dos "escritos originais" de Hermes Trimegistus ou Hermética, que geralmente exclui a Tábua Smaragdine ou Esmeralda de Hermes. Esta Tábua teve uma enorme influência sobre os alquimistas europeus, e deu origem ao motto do Arco Real. Como segue:

1. Eu não falo de coisas fictícias, mas do que é certo e verdadeiro.
2. O que está abaixo é igual ao que está acima, e o que está acima é igual ao que está abaixo, para completar os milagres de uma coisa só.
3. E todas as coisas foram produzidas por uma palavra de um Ser, assim todas as coisas foram produzidas a partir de uma coisa por adaptação.
4. Seu pai é o sol, sua mãe é a lua; o vento transporta-a em seu bojo, sua governanta é a terra.
5. Ele é o pai da perfeição através do mundo.
6. O poder é vigoroso, se ele for mudado para dentro da terra.
7. Separe a terra do fogo, o fino do grosso, atuando prudentemente e com discernimento.
8. Ascenda com a maior sagacidade da terra ao céu, e então novamente desça à terra, e una os poderes das coisas superiores e inferiores. Assim você obterá a glória de todo o mundo, e a obscuridade voará para longe de você.
9. Isto tem mais fortaleza que a fortaleza em si mesma, porque ela conquista qualquer coisa sutil, e pode penetrar qualquer sólido.
10. Assim foi formado o mundo.
11. Assim procede os sonhadores, que estão aqui estabelecidos.
12. Por este motivo eu sou chamado Hermes Trimegistus, e possuo três partes da filosofia de todo o mundo.
13. Daquilo que eu tinha que dizer com relação à operação do sol, está completo.

Esta tradução inglesa do latim foi retirada do Irm∴ Read.

Outras traduções são similares. Um grande expoente da Filosofia Hermética foi Thomas Vaughan (Eugenius Philaletes) b. 1622, que tornou-se vigário de St. Bridget, Breconshire, e que publicou seus notáveis trabalhos, entre 1650 e 1655. Ele dedicou-se à Alquimia experimental em favor da sua filosofia. Seus escritos sobre o uso natural da filosofia da Tábua Esmeralda. Por exemplo ele diz que os alunos de Oxford deveriam olhar mais longe do que Aristóteles, "porque ele está tão próximo da natureza, como os Gramáticos estão da estagnografia". Novamente, "O céu aqui de baixo difere, não daquele de cima, mas na sua captividade, e o de cima difere, não deste de baixo, mas na sua liberdade". Ele copiou uma inscrição "sobre uma pedra erigida próximo a Menphis, e que foi mencionada por Barachias Abenesi.

*Céu acima, céu abaixo;*
*Estrelas acima, estrelas abaixo;*
*Tudo o que está acima, também está embaixo;*
*Entenda isto, e seja feliz.*

*Porque Deus respira continuamente, e passa através de todas as coisas como o ar que refresca – por esta razão "também ele é chamado de Pythagoras, o princípio animado de tudo" (c.f. Abroeth e Sumum Bonum na Instrução Mística). "Assim é que Deus nas escrituras tem diversos nomes, de acordo com os diversos trabalhos que ele desempenha na preservação das criaturas."*

Os alquimistas acreditavam na unidade de todas as coisas, e que todas as coisas, inclusive os metais, eram animadas. Um pequeno grão de ouro poderia ser cultivado e crescer em maior quantidade. É o conceito da natureza animada que influenciou os compositores do Grau do Arco Real. Até as recentes revisões da Instrução Mística, o triângulo era considerado, de acordo com os Egípcios, de ser chamado Abroeth, ou a Alma da Natureza, e representado pelos reinos animal, vegetal e mineral. Ele foi tido também como o Sumum Bonum. Claramente a ciência da AGRICULTURA. Na Europa, e certamente na Inglaterra, os alquimistas eram Cristãos sinceros, e a sua filosofia era compatível com a teologia Cristã. Deus, o Pai, era comparado com o Sol, e Deus, o Filho, com a Luz, e Deus, o Evangelho Sagrado, com o amor ardente, um calor Divino. Portanto, não é surpreendente que esta filosofia hermética aprovada, fosse adotada para ser uma explanação da Jóia do nosso Arco Real, e o sistema Basilideano rejeitado.

Um outro conceito usado pelos alquimistas, foi aquele dos "contrários". É quase certo que ele foi formado a partir da idéia chinesa do Yin-Yang, Macho e Fêmea, Positivo-Negativo, etc. O conceito era de grande importância para eles, e eles são claramente especificados nos contrários, nos primeiros manuscritos, como o Fogo e a Água, Prece e Remissão, e Petições e Bênçãos.

## DISCUSSÃO

Este trabalho, em conjunção com o meu primeiro trabalho e suplemento 1,22, claramente demonstra a influência da filosofia hermética alquimista, sobre o simbolismo da Jóia do Arco Real, em algum momento entre 1625 e 1766. Radice, em sua procura por evidências do Arco Real, antes das listas de 1740, encontrou três primeiros usos para a hexalpha ou triângulos entrelaçados, como símbolos, *viz.*, uma régua plana vermelha ou medida, que pertenceu à antiga Loja de York, datada de 1663, a Cadeira Lincoln datada de 1683, e a Clepsydra ou relógio-água na coleção da Grande Loja Provincial de Durhan, datada de 1701. Ele corretamente afirma que, como evidência de um primeiro Arco Real, eles são ambíguos. Entretanto, eu sugiro que quaisquer que sejam as suas conexões maçônicas, elas foram derivadas da alquimia.

No discurso feito pelo Irm.·. Vibert para o Grande Capítulo, ele fornece uma grande revisão das possíveis origens dos triângulos entrelaçados, mas infelizmente ele se esquece do verdadeiro significado. Ele somente faz menção dos triângulos representando o fogo e a água, relacionados com o Hinduísmo simbólico, e que a interpretação era também conhecida dos filósofos medievais; ele continua, "mas eu não posso ver que ela tenha qualquer proximidade com o Arco Real". Ele aceitou que o simbolismo nos trabalhos sobre astrologia e ocultismo, era também astrológico ou hermético, e também se refere à instrução opcional escocesa, que afirma que ele é um emblema da geometria e da agricultura, mas as razões pelas quais os primeiros Companheiros adotaram o Símbolo, iludiram-no completamente. Eu acredito que agora nós sabemos por que ele foi adotado. Os Capítulos do Irm.·. Bernard Jones, sobre os triângulos e as Jóias do Arco Real, necessitam de revisão.

A alquimia era virtualmente desconhecida na Europa, até o começo do século vinte. A primeira tradução de um livro de alquimia arábica para o latim, é atribuída a Robert de Chester, quando estava vivendo em 1914 na Espanha Mourisca. A alquimia européia então absorveu a alquimia Muslin (Islamita) e Judaica. Por conseqüência não é surpreendente se achar algumas das suas crenças religiosas fossem adotadas nos escritos alquímicos Cristãos Ingleses. O Tetragramaton, e o nome onipotente Jehova, são proeminentes; muitos diagramas e quadros do processo alquímico os inclui. Jehova e a Trindade também aparecem juntos, um bom exemplo do qual foi incluído no livro de Thomas Norton *Crede-Mihi ou Ordinal of Alchemy,* escrito por volta de 1477, e que foi reproduzido na AQC 106. Esta associação de Jehova e a Trindade, é consistente com estes conceitos, para eles serem absorvidos nos primeiros Rituais do Arco Real.

Até aonde possa interessar à Maçonaria, existem poucas evidências concretas da influência da filosofia "alquimista", sobre os três Graus. O conteúdo geral da filosofia entretanto impregnou as suas Cerimônias. Representados nas Lojas, estão o Sol, a Lua e os Planetas, todos sugerindo associações alquímicas. O Irm.·. Jarvis chamou minha atenção para a Cerimônia de Iniciação de Aprendiz Maçom usada em Zimbábue, do Grande Oriente de Netherlands (língua holandesa). Ela alcançou Zimbábue via África do Sul, onde ele chegou durante o século dezoito. Durante as três "viagens" o Candidato é submetido aos quatro elementos Terra, Ar e Água, e o Fogo; o simbolismo de cada viagem, é explicado. Em sua carta, o Irm.·. Jarvis disse que a Cerimônia "foi testemunhada pelo Grão-Mestre Robert Shulting, o qual declarou que apesar dele ser o M.W. G.M. do Grande Oriente de Netherlands, ele nunca havia visto uma Cerimônia como aquela (1ª demonstração) na sua vida. Isto demonstra, no mínimo, que em um determinado momento, nas primeiras cópias desta Cerimônia, o conceito alquímico dos quatro elementos havia sido incorporado.

Na periferia da evidência, existem afirmativas feitas nos primeiros panfletos. Duas merecem ser mencionadas aqui. Uma é aquela mencionada por Eugenius Philalethes Jr.(claramente um estudioso de Thomas Waughan), que escreveu que o Poderoso Arquiteto é, em si mesmo, o Centro de todas as Coisas, apesar de não conhecer a Circunferência, que joga por terra a sua Balança de ouro, e as medidas de todas as Coisas, de acordo com a Justiça eterna incorruptível ... Estas palavras estão próximas àquelas achadas nos primeiros Rituais citados acima. A segunda é achada no Discurso de Dreike de 1726, muitas vezes dado por alguns, como evidência de um sistema de três Graus. Ele desdobra "três Partes em quatro de toda a terra que poderia então ser dividida em E-P-F-C & M-M'28, três partes do quê? Se Dreike quis significar filosofia ou sabedoria, então ele deveria estar se referindo aos doze preceitos de Hermes Trimegistus da Tábua Esmeralda. Sob estas circunstâncias, alguém poderia perguntar ao que se referem as quatro Partes? Seria ao desdobramento do Arco Real? Claramente este parágrafo é altamente especulativo.

Este trabalho esteve preocupado com a derivação da explanação do simbolismo da Jóia do Arco Real, como ela foi dada nos primeiros Rituais. Eu acredito que possa existir poucas dúvidas de que muito desta explanação veio da filosofia hermética alquímica, como ela foi desenvolvida pelos estudiosos europeus, e particularmente pelos britânicos dos séculos quinze ao dezoito. Durante esta investigação eu tentei ser imparcial, e para esta finalidade eu repito as palavras de Thomas Vaughan: "Eu não sou papista nem sectário, mas um verdadeiro Protestante, e resoluto no melhor sentido da Igreja da Inglaterra". Para trazer as cópias em tempo hábil por mim mesmo (e Thomas Vaughan), nós deveríamos dizer a Igreja de Gales!

# Franco-Maçonaria na Sociedade – Hoje e Amanhã

## Alguns pensamentos pessoais

*Pelo Irm∴ MICHAEL W. WALKER*
*Tradução e Adaptação - Pelo Irm∴ Gilson da Silveira Pinto*

Durante os últimos anos, e com um aumento de concentração crescente nos tempos mais recentes, Irmãos individualmente, e Grandes Lojas, parecem estar se envolvendo de uma maneira cada vez maior com assuntos, os quais claramente se situam fora das verdadeiras "finalidades e relações da Maçonaria".

Existem provavelmente muitas razões para isto, como existem casos que estão acontecendo, mas, em qualquer caso, o fato é que estão acontecendo, provavelmente indica, que este seja o momento de um exame mais profundo, do que a Franco-Maçonaria, seja ou é, e o que estaria acontecendo com ela, e que ação, se existir alguma, for necessária ser tomada para reverter a tendência geral, canalizando as energias, e os entusiasmos para caminhos mais aceitáveis, assim que nos aproximamos do ano 2000, e além dele.

Na Iniciação, os Irmãos são assegurados que o Candidato

está "vivendo em boa reputação, entre os seus amigos e vizinhos". E que portanto ele deveria ser um cidadão pacífico e obediente às leis, e que se dá bem com o seu próximo. Um pouco mais tarde, o Candidato afirma que ele vem "com uma noção preconcebida da excelência da Ordem, e um desejo de conhecimentos, e ser útil entre seus amigos". Mais tarde novamente, ao ser juramentado, a ele é dito que o fundamento da Maçonaria é "a prática de toda virtude moral e social". Ele é exortado a aprender como desempenhar o seus deveres para com Deus, para com seu próximo, e para consigo mesmo, para ser um cidadão exemplar, em que como indivíduo ele deverá praticar todas as virtudes domésticas e públicas, e manter aquelas características verdadeiramente maçônicas, que são a benevolência e o amor fraternal.

Seguindo ao seu segundo Grau, a ele é dito que ele deveria "aceitar os princípios maçônicos, mas também perseverar com firmeza na sua prática". Finalmente, seguindo ao seu terceiro Grau, a ele é dito que "o seu comportamento deveria ser o melhor exemplo para conduzir os outros".

Posteriormente ainda, no pico de sua carreira maçônica, ao ser instalado na Cadeira de sua Loja, ele promete aceitar uma lista de instruções, e ser compreensivo em suas atitudes de comportamento. Em tudo e por tudo, se inteirar de todos os princípios básicos fundamentais, que aceitou ao entrar na Franco-Maçonaria, e que por sua aceitação e prática destes princípios e preceitos, ele deveria tornar-se um crédito a si mesmo, e também um exemplo, e um benfeitor para os outros.

A expectativa e a esperança, é que a Franco-Maçonaria o trará neste estágio, mas na sua vida diária, um Maçom deverá interagir com os outros como um indivíduo, não na sua capacidade como Maçom. A Franco-Maçonaria é portanto um exercício intelectual e filosófico, designado e dirigido, para fazer uma contribuição individual para a sociedade, e o desenvolvimento desse mesmo indivíduo, muito maior do que ele poderia de uma outra maneira, se ele não tivesse a oportunidade de desenvolver as suas capacidades e habilidades, através da Irmandade da Ordem.

## O QUE A FRANCO-MAÇONARIA PODE OFERECER

A eleição para irmandade, e Iniciação em uma Loja, é uma

indicação clara e uma confirmação do valor e do esforço de alguém; e o reconhecimento de tal fato, pelos Irmãos. Em si mesmo, isto deveria aumentar sua estima pessoal, e a esperança geral, e o desejo consciente ou subconsciente, de provar ser bom para com os outros, confiável e verdadeiro. As promoções posteriores, através do segundo e terceiro Graus, são simbólicas, e os Irmãos demonstrando as suas satisfações com a sua escolha e que as suas decisões originais estavam corretas, e que o Candidato é realmente de valor, tanto na sua origem como pela virtude de seu zelo, interesse e eficiência na Maçonaria Simbólica, e que ele é merecedor de tais promoções. Estas marcas adicionais e conseqüentes de estima, deveriam engendrar no Candidato maior satisfação pessoal e autoconfiança.

A Loja ensina muitas coisas, muitas vezes não ensinadas, ou não experimentadas em algum outro lugar. Um Irmão necessita falar em público, pensar por si mesmo, tomar decisões, votar em propostas, e finalmente freqüentar reuniões, estas são condições que não podem ser avaliadas em todos os outros aspectos da sua vida, e muitas vezes esta pode ser a única oportunidade de aprender, praticar, e aperfeiçoar aquelas qualidades e técnicas.

De fato, eu penso hoje em dia que muito deste rol de benefícios – o "Produto Maçônico" – é deixado ao Candidato trabalhar por si mesmo; e uma grande quantidade do simbolismo é perdida, a menos que a mente do Candidato esteja afinada com ela. E mais: a Franco-Maçonaria preenche muitas das necessidades da média geral dos homens. Em maior extensão do que para a mulher, eu acredito que os homens são criaturas mais gregárias que sentem um instinto do grupo social de maneira mais forte. Eles necessitam pertencer a alguma coisa, como a uma escola ou a um time; e a Loja desempenha este papel provendo como um Regimento um uniforme distintivo, o qual indica o lugar de cada indivíduo em classes, ou o seu nível presente de evolução. Posteriormente a Loja providencia as válvulas de escape para a indulgência de interesses pessoais, os quais podem mesmo ser negados tanto no trabalho ou mesmo em casa – na administração, na responsabilidade, nos talentos dramáticos, no cerimonial, nos levantamentos de fundos, nos cuidados – mas acima de tudo a Loja proporciona a Paz e a tranqüilidade, um porto onde a segurança e a Paz e principalmente a esperança, é infalivelmente encontrada; e a incrível turbulência da vida profana pode com certeza ser evitada e esquecida por algum tempo. Um local onde as baterias podem ser recarregadas, e a sua serena influência ajudar a recompor a vida de alguém, uma vez mais.

Aqueles que passaram, ou possam passar, por algum trauma mental, como os excessos sem resultado, ou talvez uma depressão causada pelo estresse imposto pela vida moderna, saberão quão verdadeira é esta realidade, e podem testemunhar o efeito suave e calmo desta atmosfera única de suporte, e de efeito que não pode ser avaliado, como aquela achada dentro de uma Loja.

## A FRANCO-MAÇONARIA É UMA CARIDADE?

A Franco-Maçonaria não é uma caridade, mas como em qualquer local fraternal, as necessidades de um Irmão ou de seus dependentes, deverão receber a simpatia e o suporte dos seus Irmãos, nem sempre ou necessariamente financeira. A Caridade é um ramo natural do Amor Fraternal, que é proporcionado explicitamente dentro da natureza moral de todo Maçom, mas ela não é a razão de ser (raison d'être) da nossa Ordem.

O repetido criticismo à Ordem de que ela "sempre olha depois de si mesmo" é totalmente espúrio e sem validade, como ela é inteiramente aceitável para proteger uma "classe" de beneficiários, *viz.* Uma Sociedade Pobre e Indigente de Mantenedores de Asilos, uma Sociedade de Órfãos, etc. Isto não significa que a caridade maçônica é restrita a beneficiários maçônicos; e mais e mais, ela é dirigida para qualquer causa ou caso merecido, isto não infringe a Declaração de 1938, também na sua vida diária, e na sua capacidade pessoal um Maçom está completamente em liberdade de ajudar qualquer caridade, com a qual ele possui simpatia.

## O PROPÓSITO DA FRANCO-MAÇONARIA

O propósito da Franco-Maçonaria é "o melhoramento pessoal" – não no sentido material, mas no sentido intelectual, moral e filosófico, no desenvolvimento total da pessoa, assim como também na psique, na beleza da linguagem emotiva do ritual, "para dizer a nós mesmos, a tomar os nossos lugares", como pedras vivas, na grande construção espiritual, não feita pelas mãos, mas eterna nos Céus". Assim como um todo hipotético e desenvolvido para completar as pessoas, que necessitam em suas jornadas diárias através da vida, e na sua interação com os outros, fazer uma contribuição mais extensiva com a sociedade em geral, assim realizando e preenchendo o seu desejo expresso na sua Iniciação, e tornar-se "mais extensivamente útil entre seus próximos". Assim são as altas aspirações, legais e louváveis da Ordem.

A minha visão da Ordem Maçônica poderia ser dita como a visão espelhada por W.B. Yeats da aristocracia – "proteger suas criaturas e devotos das tempestades e mudanças políticas, na maioria das vezes como se ela fosse um casulo primário maternal; e como se fosse um esquema ingênuo para emprestar uma espécie de espiritualidade, alguma coisa relacionada com a alma – "secular, profana e bela".

Eu gostaria de pensar, o mesmo que poderia ser dito de uma Loja, o que Yeats disse do Lar Lady Gregory localizado em Coole no Condado de Clare – certamente "um casulo maternal", para Obreiros de diferentes profissões – o que "esta casa tem enriquecido minha alma, é fora das medidas, porque ali a vida se move, sem restrições, através de formas graciosas".

## A SOCIEDADE ATUAL

Como o mundo muda muitas vezes de forma vertiginosa, e de maneiras cada vez mais complexas e indescritíveis, as nossas necessidades por segurança, controle, certamente, elas são indeterminadas e imprevisíveis. Este tipo de ambiente social é um terreno fértil para aquilo que agora é chamado de "Síndrome de Aquiles", onde mais e mais pessoas que são de fato grandes competidoras, sofrem de uma séria falta de estima pessoal – o homem aparentemente mais do que a mulher. Isto foi retirado de um artigo sobre o trabalho de Petruska Clarkson, uma Conselheira e Consultora autorizada e psicóloga clínica.

Um certo número de contribuidores da imprensa, recentemente todos têm sido individualmente, ainda que coletivamente, preocupados com este impacto sobre o indivíduo, causado pela quantidade de mudanças na cultura e ética da sociedade; e pelos seus efeitos sobre os indivíduos, e o que esse fenômeno traz com relação a ele. Gerard Casey escreve que, "cada razão social opera dentro de um contexto do mito, os mitos sendo a narrativa cultural fundamental, que contém os inquestionáveis princípios e valores, os quais constituem aquela sociedade, e que sem eles aquela sociedade não pode florescer". Infelizmente aqueles que passam, e se dizem expertos em educação hoje em dia, aparentemente não são conhecedores da importância dessas coisas; e talvez também sob a pressão que parte daqueles que propugnam a educação baseada somente em assuntos técnicos e de profissões, assim como empregadores em potencial, e também por causa de muitos adolescentes, que são hoje em dia trazidos e atraídos pela televisão, em vez de serem pelos seus pais e famílias, assim como uma sociedade, nós estamos perdendo, ou já perdemos as nossas narrativas culturais, e assim como muitos outros, estão começando a vagar sem nenhuma finalidade, sem o combustível e energia, para mudar de direção, como restos no espaço em órbita sem finalidade, e sem fim.

Casey sugere que as pressões da vida moderna trouxeram o colapso e o caos moral, na Irlanda contemporânea, e que isto também alcançou proporções epidêmicas através do mundo ocidental. **Ele prossegue especulando sobre a necessidade de se achar uma ética racional básica para o comportamento, a qual está fadada a ser um grande desafio, sem garantia do sucesso.** O Dr. Murray, primeiro bispo auxiliar de Dublim e agora bispo de Limerick, identifica o problema como sendo "um faminto que não está sendo saciado". As pessoas sentem a necessidade de saber a quem elas pertencem; elas sentem a necessidade de poder estar completamente comprometidas com alguma coisa. O ânimo que prevalece na Irlanda, ou qualquer outro lugar, é de desilusão e de cinismo. Nós somos levados a ver que nós estamos vivendo em um mundo de instituições e estruturas – nós pensamos de nós mesmos, como se pertencêssemos não a um país, mas uma economia; nós pensamos de nossa nacionalidade e recursos naturais em termos de estatística e da máquina do Governo, em vez do seu povo, e da sua cultura.

O Dr. Murray prossegue dizendo: "Existe um pensamento crescente, que o cidadão ideal não possui uma forte crença religiosa e moral, ou que no mínimo não possui a decência de introduzi-la na arena pública. As fortes crenças morais, nos dizem, são divisionárias, as crenças religiosas são, na melhor das hipóteses, embaraçadoras. Em outras palavras, ele continua, as pessoas não são levadas a participar da vida nacional juntamente com os outros, como um todo, em conjunto com as suas crenças religiosas e convicções morais. Estes são assuntos particulares. Nós estamos em perigo tentando construir uma cultura, a qual é lembrada como sendo irrelevante dentro das várias realidades que podem fazer um povo ligado e unido. A desunião resulta somente quando a religião e a moral não são entendidas. A consciência individual é digna de respeito porque ela procura a verdade, como qualquer ser humano tem a obrigação de fazer".

Os Maçons têm falhado de maneira acentuada, em observar estas referências com a ética, com a moral e com a verdade, as quais são os fundamentos dos ensinamentos maçônicos e do comportamento. Mas estas jóias culturais, que não possuem preço, estão sendo submetidas por um incrível aumento de poderosas forças destrutivas, que estão erodindo os seus fundamentos, e as bases sobre as quais elas se apóiam. Conor Croise O'Obrien – Comendador, Homem de Estado de grande distinção – diz que, "o quanto nós podemos ir para trás na história, o discurso humano concernente à ética, tem sido infectado, em vários Graus, pela hipocrisia". Em um outro comentário ele afirma que o termo "ética dos negócios" está rapidamente tornando-se um axioma, ou seja, uma verdade pessoal, sem necessidade de comprovação – o que em termos é uma contradição; e o Bispo de Waterford sentiu a necessidade de denunciar publicamente "o Culto do Individualismo Excessivo".

Este individualismo excessivo nos leva a uma idéia falsa de liberdade. Este tipo de liberdade leva o indivíduo a pensar que não existe limites que poderiam ser colocados na escolha que alguém poderia fazer. Alguém é livre para "fazer as suas próprias coisas", a insistir nos seus direitos individuais, não respeitando os direitos dos outros. O Dr. Lee disse que o culto do individualismo excessivo tem colocado o indivíduo "homem ou mulher", sobre um pedestal como sendo o centro das coisas, não permitindo que a comunidade seja o seu verdadeiro sentido; e trabalha contra a realização da "vida plena", para a qual todos nós somos chamados.

Quer nós gostamos ou não, saibamos ou não, ou que estejamos preparados para aceitá-lo, existem muitas forças diárias sutis, que às vezes não são tão sutis no nosso trabalho, todas elas estão em nossa volta, assim que elas se multiplicam e se aceleram, para produzir uma quantidade de confusão mental – nem sempre imediatamente perceptíveis, mas não menos insidiosas – que nos torna inseguros para saber se nossos pés estão assentados no mesmo nível e corretos; e se eles estão no caminho certo? Estas são as forças que estão sentindo os psicanalistas nas suas salas de espera, e nos seus bolsos, assim como mais pessoas estão se inteirando de que alguma coisa está errada, e que está de alguma maneira afetando todo o seu ser, na sua qualidade de vida, mas eles não estão aptos a identificar a causa – somente sentem a sensação dos efeitos delimitadores, até que chegue ajuda.

O que é necessário em tudo isto, é alguma forma de "âncora-mestra", uma tábua de salvação – uma espécie de ponto de navegação fixa, como uma estrela polar, a qual quando as nuvens negras passam, pode ser vista novamente, e fornecer novamente ao navegador as maneiras de identificar a sua exata posição, e daí então retornar ao verdadeiro caminho.

## FRANCO-MAÇONARIA – É UMA PARTE, OU ESTÁ À PARTE DA SOCIEDADE

Cada indivíduo, em certas ocasiões, é forçado a ser um pouco introspectivo e perguntar a si mesmo "quem eu sou e aonde eu estou?". Mesmo uma organização como a Ordem Maçônica, necessita perguntar a si mesma "o que nós somos e aonde nós estamos?". O que nós fomos, de uma forma extensiva nós já abordamos. Nós somos uma organização fraternal, e a finalidade da qual é o amor fraternal, o alívio de nossos Irmãos abandonados e dos seus dependentes e a procura depois "da Verdade", a qual nós podemos expressar como sendo uma extensão para dentro da moralidade pública e privada, o reconhecimento e o medo de Deus, e seguindo a partir daí, o respeito por, e o amor do nosso próximo. Deste respeito está incluída a tolerância do seu ponto de vista, suas crenças religiosas e de suas opiniões políticas. Se nós perseguirmos os fins da nossa Ordem, a nossa procura deveria ser aumentada, ainda que o foco de nossa visão, enquanto nos faz mais profundamente conhecedores e próximo dele, o Grande Arquiteto do Universo eleva a nossa espiritualidade e aprofunda nossa visão interna para dentro daquilo que nós nunca podemos esperar completamente entender – alguma coisa como a procura posterior do Gral Místico que os nossos possíveis e mesmo prováveis precursores procuravam por, e lutavam por, os Cavaleiros Templários que prosseguiram em seu caminho próprio a partir dos Cavaleiros místicos dos Romances do Gral, e da lenda do Rei Artur, existe muita coisa mais da Franco-Maçonaria, do que a profundidade superficial dos assentamentos de hoje em dia e as suas inspeções esquadrinhadas pela sociedade de hoje, obcecada como a sociedade está, com o sucesso material para o indivíduo, em vez da sua contribuição para a sociedade. O modelo social para a sociedade do homem de hoje em dia "é o homem de sucesso". E este sucesso é medido quase que somente pelo dinheiro e em termos materiais e da sua posição, ou pelos pertences que esse tipo de riqueza tem possivelmente sido feito, para alcançá-la ou adquiri-la. Quer seja esta riqueza, posição e posses, foram ou são legalmente ou moralmente adquiridas, ela está junto do ponto – quais assuntos, é destes que são os adornos do "sucesso" independente, e quais outros são prejudiciais, danosos, ou de uma outra maneira prejudiciais no seu armazenamento.

A Ordem Maçônica não é como qualquer outra organização, como o Rotary, Mesa-Redonda, Câmara do Comércio, ou qualquer outra; todas desenhadas para ir ao encontro de diferentes necessidades, e em particular desempenhar funções distintas. Se a Franco-Maçonaria fosse qualquer uma, ou todas destas entidades, então elas não poderiam ter existido. Nós somos o que somos; e qualquer tentativa de assumir o manto dos outros, vem em detrimento de ambos. Provavelmente, existem muitas pessoas que entraram na Franco-Maçonaria pensando que ela fosse alguma coisa parecida, ou quando se filiaram a ela, eles procuraram amoldá-la para dentro do que eles queriam, como se fosse mais fácil tentar identificar a instituição com as suas necessidades, e procurar o que eles pensavam quando se filiaram, ou quando se tornaram Maçons. A Maçonaria não é uma cura para os males de ninguém.

É verdade dizer, entretanto, que dentro da Ordem Maçônica por todo o mundo hoje em dia o número de Irmãos está caindo. As razões para isto não é difícil de achar, e são baseadas largamente sobre a superficialidade da sociedade de hoje em dia, as muitas pressões que sofrem os indivíduos e a multiplicidade de oportunidades, na cena social, e para o tempo de lazer à disposição.

Tem sido identificado, pela pesquisa americana do trabalho, dentro deste problema, que existe uma forte relação inversa entre a quantidade disponível de tempo para o lazer, do que qualquer exigência particular requer, e a sua popularidade com os indivíduos. O povo hoje em dia possui uma quantidade de tempo livre muito limitada devido, muitas vezes, às fortes exigências e demandas de tempo exigida por sua profissão ou ocupação; e este tempo de lazer precisa ser racionado e poupado para evitar a competição com a família, e outros interesses prioritários. Qualquer passatempo que exige perda de tempo disponível, o qual não é percebido a dar um retorno rápido – entretanto, este pode ser medido subjetivamente, poderá não ser favorecido, em termos maçônicos, isto poderá ser evidenciado na redução da freqüência as Lojas, nenhum assunto por mais prazeroso e honrado que seja ou que orgulhe um Irmão, e que ele possa sentir em ser membro da sua Loja. Todos nós conhecemos os freqüentadores anuais dos Banquetes de Instalação – os Irmãos que vêm, trazem convidados e se divertem bastante – os quais não são vistos nos outros doze meses do ano. Eles estão reconhecendo a sua "ligação" a uma organização sem dar retorno, ou parecem aptos a fornecê-lo, o que falta é a estimulação necessária para encorajá-los para a uma freqüência regular.

Meus avôs, além de seu clube e de sua Loja, provavelmente possuíam poucas saídas para o tempo de lazer e diversão, e as reuniões mensais eram esperadas com ansiedade talvez também como se fossem esta oportunidade. Hoje em dia existe uma quantidade enorme de atividades abertas para todas as camadas da sociedade, as quais, há não poucos anos, poderiam não estar abertas para eles, quer seja socialmente, ou financeiramente; e a reunião mensal ou reuniões, em muitos casos, em vez de serem oportunidades, são competidoras com as outras atividades, cujo "retorno" pode ser sentido mais favoravelmente.

Em termos de marketing nós precisamos ver a Franco-Maçonaria como um produto. Isto é, o que nós estamos "vendendo", ou de uma outra maneira fornecendo, para o consumo dos membros e membros em potencial. Nós necessitamos tanto melhorar o produto, ou fazer o pacote mais atrativo.

A Franco-Maçonaria é um produto muito estável em si mesmo – muito pouco pode ser feito para alterar o produto sem mudá-lo inteiramente, tanto na essência como na aparência. Os seus princípios e preceitos têm resistido ao teste do tempo, e são válidos hoje em dia como foram sempre. Nós não podemos mudar o produto, e permanecer no mesmo negócio; e nós precisamos ser verdadeiros com nós mesmos neste ponto. Se nós formos entrar em uma nova linha de negócio, nós precisamos ser aceitos e reconhecidos, que isto é exatamente o que nós estamos fazendo; e ele talvez poderá não ser aquilo muito antes de alguém decidir, que este novo produto não está muito bom e necessitar novos ajustamentos para ir de encontro às exigências atuais da sociedade. Isto que eu sugiro não é uma opção que esteja aberta para nós. O que nós temos e sustentamos poderá ser sempre certo, mesmo que a sua aceitação cresça, ou caia na escala do tempo.

O que nós podemos fazer é melhorar o pacote, e fazê-lo parecer mais atrativo para os seus freqüentadores, conquanto também fazê-lo realmente mais palatável e consumível para os freqüentadores atuais. No primeiro caso nós podemos verdadeiramente assim o fazer – e energicamente adotar um alto perfil; e gentilmente mas firmemente "deixar a nossa luz brilhar diante do homem". O candelabro na janela é o símbolo e um convite entendido por todos; e alguns o aceitarão e baterão na porta. Eu sou inteiramente contra a atitude "de sair pelas estradas e ruas e compelir as pessoas para entrar". Estes são os recursos daqueles que poderiam nomear um Consultor de Relações Públicas. Forçar a venda não é para a Franco-Maçonaria, entretanto você poderá tentar embelezar o produto. A Franco-Maçonaria é para ser adotada e saboreada por aqueles cujas mentes estão sintonizadas com ela, ou mesmo procurando obter o que ela oferece. A Franco-Maçonaria não é para qualquer um; mas dentro de toda a população, em todos os tempos, existiram aqueles para quem ela poderá apelar. Através da sua embalagem e apresentação, estes freqüentadores podem ser identificados e maximizados, mas eles não podem ser criados. "Eu sou o que eu sou" e nenhuma quantia de manipulação ou massagem transformará em seda, uma bolsa feita de couro de orelha de porco.

As oportunidades apropriadas devem ser tomadas para dissipar os velhos mitos, e virar os holofotes sobre os benefícios da Franco-Maçonaria. Sobre isto todos nós podemos desempenhar a nossa parte, porque nós somos todos – como disse um Grão-Mestre norte-americano. "A percepção de alguém mais da Franco-Maçonaria." Vamos então identificar "os pontos positivos" da nossa Ordem, e então falar abertamente com relação a eles, e tentar promovê-los. Isto necessitará ultrapassar os limites das nossas atividades diárias, começando em casa, com a família, expandindo até o nosso próprio círculo de amigos e relações, dentro do local de trabalho, local de lazer – deixando a cargo da Grande Loja, é claro, a abordagem com a mídia de maneira tal que a mensagem constante e coerente parta dela. Porque de uma outra maneira poderá existir muitos pontos de vista, assim como são os membros da Ordem, e nós não deveríamos estar surpresos se a mídia e o público continuarem a ser confundidos com relação ao que somos e ao que nós aspiramos ser.

Para que possamos tentar rejuvenescer o interesse na freqüência da Loja, e a encorajar aqueles que muitas vezes falham em se tornarem membros ativos novamente, um programa definido de ação deve ser levado a cabo. Basicamente, isto tem somente uma finalidade – fazer as reuniões da Loja mais atrativas, como se fosse alguma coisa a ser desfrutada; e não alguma coisa para ser suportada.

Alguém poderá olhar para isto de muitos ângulos, mas deve-se levar em consideração que, a longo prazo, é alguma coisa que cada Loja individualmente tem que resolver por si mesma. Desde os tempos imemoriais, antes que o sistema Grande Loja fosse desenvolvido, cada Loja era um Corpo independente e autônomo. Como a Maçonaria Especulativa tomou lugar da Maçonaria Operativa, seus membros componentes vieram principalmente de pessoas que realmente não estavam envolvidas com os negócios da construção, um código de ética e de conduta teve que ser introduzido. A Grande Loja é um Corpo administrativo e regulador, com uma estrutura hierárquica que abaixo dela estão as Grandes Lojas Provinciais, e as Lojas Maçônicas básicas. Dentro desta forma de trabalho, entretanto, as Leis da Grande Loja e Constituições foram criadas talvez para ir de encontro às necessidades provinciais, e culminando nos Regimentos Internos individuais de cada Loja Subordinada. Cada Loja é ainda um Corpo independente autônomo, responsável por suas próprias atividades e funções, e finalmente para a sua verdadeira sobrevivência. Hoje em dia, baseado no conceito recente que está em toda parte do sistema do Bem-Estar comum, qualquer um, em todos os lugares, espera que alguém mais o alimente e o apóie em todas as responsabilidades.

A Grande Loja não é um Comitê de Diversão, apesar de que ela possa fazer sugestões e dar regras, no final de cada responsabilidade do pedestal de cada Mestre. Ele precisa assegurar que o Ritual seja bem dado, e que os negócios da Loja sejam conduzidos com eficiência e efetividade; e que o conteúdo dos negócios seja de interesse e não mera rotina; mas acima de tudo que todos os Irmãos – geralmente os mesmos Irmãos – não falem demais. A Lei de Parkinson nunca é vista com tal intensidade e clareza como na reunião da

Loja, e em particular no Banquete Festivo da Noite de Instalação. Discursos pobres, muito longos é uma receita certa para alguém dizer: "Eu não volto lá nunca mais" – é uma pena, quando o efeito poderia ou deveria ser "que pena que nós teremos que esperar mais um ano inteiro para estarmos aqui novamente".

Como foi indicado anteriormente, eu acredito que o produto não pode ser mudado, assim sendo, nós devemos melhorar o pacote. Os elementos do pacote foram identificados no documento de discussão do nosso Grão-Mestre, *Programa para Mudanças – Caminhos a Seguir* como: **a nossa imagem pública; a irmandade, caridade, problemas policiais; desenvolvimento administrativo; e comunicação.** Depende de todos nós, desde a base até o topo, de preferência naquela ordem e direção, para decidir sobre a "mistura" correta, para alcançar os nossos propósitos, para criar o renascimento maçônico por nós próprios, e para o benefício das gerações futuras; esperando que a nossa percepção pública possa tornar-se, como nas palavras de um aviso de jornal que procura uma firma de solicitadores, para um grupo Baha'i, aquele que os Solicitadores deveriam ser um Corpo "de almas puras e saudáveis, manifestando qualidades da mais alta integridade, honestidade e veracidade; com uma maneira estabelecida de vida, que sejam desapegados dos bens materiais, que tenham amor a Deus através do serviço prestado à humanidade". Os Solicitadores é que deveriam ser assim, e não o grupo Baha'i!

Nós precisamos tentar demonstrar para todo mundo que somos desta maneira, esperançosos para fazer a nossa Ordem mais atrativa para todos aqueles que poderiam ser membros, e que as palavras do Pró-Grão-Mestre da Inglaterra, M. W. Bro. Rt. Hon. Lord Farnhan – Maçom Irlandês e Past Sênior Grande Vigilante da Irlanda, são verdadeiras e estão registradas nos seus procedimentos: "A Franco-Maçonaria tem como objetivo desenvolver o indivíduo para ser um bom cidadão, e um homem de bons fundamentos e rigorosa moral. Outros benefícios para a sociedade podem advir, mas eles vêm da ação dos indivíduos dentro de suas capacidades individuais, e não como Maçons".

Não é fácil no mundo moderno, convencer as pessoas de que enquanto a **Franco-Maçonaria como um corpo não serve para nada** – e que ela certamente, não é um grupo de pressão – e que a sua influência sobre o tipo pessoal de seus membros deve ser bom para a sociedade em geral e que ela deveria ser bem-vinda.

## A FRANCO-MAÇONARIA DENTRO DO PRÓXIMO MILÊNIO

Nós temos nos esforçado para identificar quem nós somos, o que nós somos, e aonde nós estamos – agora é o momento de especular a partir daqui, sobre onde nós vamos. Nós somos um grupo antiquado, cujo o número de membros está caindo – talvez não nos países desenvolvidos, mas no mundo desenvolvido, nós somos vistos como sendo um anacronismo, com uma ética a qual pode representar um embaraço para muitas lepras morais de hoje em dia. "De onde você vem Gehazi?". Você se lembrará da devastadora pergunta do profeta Elisha ao seu servo, que correu para diante de Naamam procurando benefícios de seu Mestre – assim é, a performance e uso dos seus talentos – de alguém mais. Como aqueles que se uniram à Franco-Maçonaria em grande número depois da Segunda Guerra Mundial, porque eles acharam que ela era a alternativa mais próxima, ou substituto para a fraternidade, e suporte que eles tinham dentro das Forças Armadas, agora, passando como uma recompensa para eles, e não existe nenhuma fonte de Candidatos para substituí-los. Assim, um recrutamento torna-se uma necessidade, apesar que o significado e a ênfase deve ser medida cuidadosamente. Algumas Grandes Lojas têm desenvolvido alguns programas verdadeiramente positivos de recrutamento para o aumento da Irmandade, e recompensar aqueles Irmãos que recrutam um certo número de Candidatos. Este tipo de campanha é acompanhado de perigos, e não pode, eu acredito, ser benéfico. Nós precisamos, no meu ponto de vista, adotar o processo de "levar o cavalo à água". Nós podemos mostrar a água a ele, e indicar a sua utilidade, mas, a menos que o cavalo esteja com sede, nós não podemos fazer mais nada, do que incentivá-lo a beber.

O Grande Secretário da Grande Loja Alpina da Suíça, em seu discurso na reunião dos Grandes Secretários da Europa em 1994, afirmou: "É essencial evitar qualquer espécie de proselitismo – o objetivo principal, não é procurar novos membros, mas melhorar a percepção dos outros" com relação a nossa Ordem – a partir daí, alguém poderá esperar que os Candidatos poderão começar a aparecer.

Nós precisamos tentar corrigir a falsa percepção de nós, particularmente da mídia e das Igrejas, porque eles são as agências que podem formular e dirigir a opinião pública; e ambas são altamente suspeitas e/ou antagonistas.

As Igrejas acham impossível aceitar que nós não somos competidores, mas que, de fato, nós somos o suporte para a religião, e que encorajamos cada Irmão para aumentar o seu interesse em suas próprias crenças, através do desenvolvimento do seu intelecto e da sua espiritualidade. Nós não temos teologia, nós não temos sacramento, nós não nos engajamos em adoração como Franco-Maçons em nossas Lojas, e não podemos oferecer ou prover os meios da salvação eterna através das boas obras, ou de qualquer outra maneira. Nós sabemos de tudo isso, mas como poderemos passar isto para alguém, que não conhece estas verdades, porque isto está de acordo com sua maneira de pensar, ou pensa de outra maneira? Nós precisamos lembrar que as Igrejas estão passando por igual ou maior perda de seus seguidores, então nós estamos iguais em termos de percentagem. Isto, é parcialmente por causa dos seus próprios erros, e parcialmente devido a que hoje em dia, da mesma maneira que nós, porque a religião estruturada e formalizada, é simplesmente fora de moda. À sua própria maneira, eles estão tentando responder como, por exemplo, introduzir a Missa no vernáculo da Igreja Católica Romana; e reduzir a prosa ao lugar comum, a beleza e a linguagem enaltecedora do *Livro Comum do Pregador*, e da Versão Autorizada da Bíblia da Comunidade Anglicana. Nenhuma destas mudanças tem funcionado, porque elas não são dirigidas aos problemas, mas simplesmente mudaram as aparências, como alguém que coloca uma roupa casual barata para ir à Igreja, em vez de usar um terno.

Em pânico, as Igrejas finalmente ultrapassaram os limites com o evangelização carismática na denominação da Alta Igreja, e no fundamentalismo na denominação da Baixa Igreja. Uma carta soberba para o Times Irlandês datada de 22 de junho de 1995, escrita por Ms. Gwen Jermyn, uma senhora metodista, que vive em Co. Cork, extremo sul da Irlanda, que se refere ao advento dos ensinamentos extremos fundamentalistas e pregações, as quais haviam seqüestrado a palavra "evangelical'. Ela segue adiante dizendo: "Esta ênfase fundamentalista é doutrinária ao extremo, renega a exploração espiritual genuína, e a substitui por uma insistência estreita e negativa, sobre a sua própria interpretação fundamentalista. Ela é limitada, divisória, ofensiva e arrogante, que tira vantagem das emoções e do medo, de uma maneira já há muito tempo removida dos ensinamentos claros do evangelho".

O arquétipo desta reação exagerada foi o do denominado "Serviço de Defesa das Nove Horas" de Shefield, o qual foi elogiado até aos céus por muitos, desde Arcebispo de Cantebury, até aos tendenciosos Vigários locais. O resultado inevitável tornou-se um dos maiores problemas que a Igreja experimentou nos últimos tempos, quando, depois da histeria de massa comum nestes casos, e da hipnose de massa induzida pela técnicas de manipulação de massa sobre os superincrédulos, o Cavaleiro Branco da Nova Era

O Reverendo Christopher Brain foi o primeiro a ser suspenso de seus trabalhos como Pároco, e posteriormente renunciou o seu ministério, depois de uma orgia de devassidão, em meio a uma cacofonia de vilificação que partiu daqueles que haviam primeiramente sido seus discípulos mais entusiastas; e do ritual de lavagem das mãos pelas autoridades da Igreja.

Não vamos ser complacentes com este assunto, mas, entretanto, vamos tirar lições dele, porque a Ordem Maçônica teve que experimentar o seu próprio "Serviço de Defesa". Em março de 1995, o Congresso Mundial, que aconteceu no México, e que foi responsabilizado por uma das menores Grandes Lojas Estaduais do México, a qual é ainda considerada irregular por muitos – a Grande Loja "Valle do México". Quanto a isso, se alguém pode acreditar nas informações, toda a sorte de corpos irregulares tomaram parte neste congresso, surpreendentemente, coisas não maçônicas foram ditas e feitas, terminando com a produção de uma Carta, chamada de *Carta de Anahua,* assinada por todos os trinta e sete representantes das Grandes Lojas que participaram do evento. O acontecimento seguinte era para ter acontecido em Portugal em 1996; e na Itália em 1997, responsabilizado até onde nós sabemos pelo Grande Oriente irregular da Itália. O seu Grão-Mestre colocou na imprensa a sua agenda para o ano de 1997, como segue: "Nós acreditamos que os nossos estudos devem seguir as seguintes linhas; remédios para as superpopulações do mundo; programação das fontes de alimento e energia; a luta contra a poluição do planeta, a cooperação entre as Nações ricas e pobres para eliminar os conflitos, assim como também as diferenças técnicas e econômicas, o controle sobre as descobertas científicas dirigidas para o bem e o progresso da Humanidade, e o respeito pela dignidade da liberdade do indivíduo e dos povos, e salvaguardar os direitos e deveres do Homem".

Isto não é Franco-Maçonaria, estes não são assuntos que em tempo algum deveriam ser discutidos em um ambiente maçônico, e os que o fizeram são Maçons irregulares. Isto foi trazido por eles apenas para chamar a atenção.

Aqui está um exemplo claro em que a Franco-Maçonaria ultrapassou os seus limites e o seu modelo de ação, convocando um bando de frenéticos a pular dentro de um vagão. Escolher o vagão errado é muito pior do que escolher nenhum, e esta é uma maneira certa de levar a Ordem ao descrédito. Se você não tem nada de construtivo a fazer, então não faça nada – como o nosso primeiro Grande Arquivista – um grande e respeitável Advogado – nos diz nestas situações – **"se você está em um buraco, pare de se debater"**.

A mídia também não pode tolerar a nossa privacidade, a qual eles transformaram como se fosse uma espécie de agenda oculta de subversão, ou qualquer outra espécie de maldade imaginária, a qual é o assunto preferido da Imprensa no mês. Mas nós não somos a única organização, e que tem sido a vítima da Imprensa por causa da nossa privacidade. O Opus Dei, um grupo que é a asa direita dentro da Igreja Católica Romana na Irlanda, também caiu em desgraça com a mídia, e outras, em termos, com os quais estamos bastante familiarizados, *viz.* "Nós temos ouvido, de alguns dos mais altos e íntimos oficiais públicos, que os membros da Opus Dei deveriam ser excluídos dos altos cargos. Nenhuma razão foi dada, o extraordinário é quando você considerar que o assunto está relacionado com a imposição de uma incapacidade sobre o cidadão, e sobre o terreno da sua fé religiosa, mas nós poderíamos imaginar que ela está envolvida com a suposição de que a Opus Dei possui uma espécie de agenda corporativa. Por que por exemplo é afirmado, como sendo fato consumado que a Opus Dei é uma corporação secreta? O que será que o escritor sabe sobre as repetidas réplicas negativas da Opus Dei? As pessoas não se apresentam por eles mesmos como membros de uma diocese ou outra. O povo rapidamente entende, e isto acontece porque ela é uma coisa particular, não secreta, não mais do que os membros da Opus Dei, não saem fazendo apresentação entre eles mesmos como tais. Ser um membro da Opus Dei, ou de qualquer outra organização, não é uma credencial pública. Indo mais adiante, a liberdade de cada membro de pensar e agir como eles gostam, em assuntos públicos, seria malcompreendida pelos outros membros atuantes, como se eles representassem todo o corpo."

O que eu estou tentando enfatizar é que como nós estamos nos movendo para dentro do próximo milênio, nós precisamos permanecer firmes na nossa aderência para com as nossas Finalidades e Princípios, e não tentar obter a aceitação pública através da autopromoção ou ir atrás de atividades não maçônicas, as quais podem somente a longo prazo provar a nossa inoperância. Nós temos que ser pacientes em gastar o nosso tempo, porque nós voltaremos novamente. Nós temos ouvido dizer que a paz da vida e seus estresses se tornarão cada vez mais frenéticos do que no presente, e que enquanto nós podemos estar aptos a enfrentar "isto intelectualmente, é questionável se muitos podem enfrentá-la emocionalmente". Nestas circunstâncias, com a Internet bombardeando-nos como uma eficaz idêntica Quatermass de informações éticas e não éticas, na privacidade de nossos lares, eu acredito que o Irmão Michel Yaxley, Presidente da Comissão de Propósitos Gerais da Grande Loja da Tasmânia, está bastante correto quando ele escreve: "A Sociedade possui a necessidade de ter um corpo como a Franco-Maçonaria. Eu acredito que esta necessidade deverá aumentar em vez de diminuir.

No próximo século, o local de trabalho não oferecerá fraternidade e camaradagem suficiente para satisfazer os instintos sociais que o povo tem. Muitas pessoas trabalharão em casa, ligadas ao escritório pelo computador e pelo telefone. Outras pessoas trabalharão em um escritório complexo, mas todavia nunca os equipamentos serão inanimados. A ironia da Idade da Comunicação, é que o povo está gastando e gastará mais tempo com eles mesmos.

Nós necessitamos ser cuidadosos ao movermos vagarosamente – *festina lente* – nós somos assaltados por todos os lados pelas exortações, para trazer a Maçonaria para dentro do Século XXI – ou para nos movermos para fora do nosso tempo ruim, como um Irmão, Robert H. Abel, da Nova Zelândia colocou. Ele se refere a um outro Irmão que estava temeroso pela dignidade da Maçonaria – e diz que era assim que ele deveria ser, porque nós simplesmente diminuímos a nossa Instituição, por tentarmos vendê-la em público. Ele quer que a Maçonaria seja respeitada pelos esforços dos seus

Irmãos na comunidade, na qual ela acontece, eles vivem – nós somos todos a percepção de alguém mais da Maçonaria. Ele acredita que a espiritualidade do homem possui a tendência de aumentar e diminuir em termos de ciclos longos; nós faríamos melhor se assegurássemos que a nossa Maçonaria permanecesse imutável no futuro, e assim talvez as gerações menos frívolas a apreciariam e desfrutassem dela.

Talvez possa ser dito que a Franco-Maçonaria esteja desfrutando um Verão Indiano, antes que as realidades rígidas do Inverno cheguem. Como o poeta Humbert Wolfe escreveu:

*Ouçam, o vento está soprando*
*E o ar está revolto com folhas;*
*Nós tivemos as nossas tardes de Verão;*
*E agora, as neves de outubro!*

Isto termina com um tom levemente ameaçador ou admonitório, o qual nós podemos muito bem observar e estar preparados para uma espécie de queda e desgaste simbólicos das descobertas, para que possamos nos defender das tempestades que se aproximam. Mas talvez isto possa ser mais que um exercício de apertar os cintos como nós preparamos o navio para a maré espiritual do homem, para voltar e transportar a nossa Maçonaria mansamente uma vez mais, para as águas profundas e seguras. Como o escritor Americano, Henry Adams disse, "O Verão Indiano da vida deveria ser menos luminoso e menos triste, e infinito na sua riqueza e profundo no seu tom – assim como é a estação".

Eu penso que isto descreve com bastante exatidão a Maçonaria de hoje em dia – pouco luminosa e infinita na sua riqueza e profunda no seu tom – todos nós podemos simpatizar com isto. Um pouco triste também com as memórias do passado grandioso; aquietada em termos mais definidos, quando os espíritos malignos não eram achados em todos os lugares, e a Franco-Maçonaria era reconhecida, aceita, fazia parte do bom gosto na sociedade. Poderão estes tempos voltarem novamente?

Eu penso que sim – Talvez não uma réplica exata do passado, porque nós não podemos atrasar o relógio, talvez uma versão mais enxuta e lapidada com um novo vigor e entusiasmo pronto para ir de encontro ao novo milênio.

Mas lembrem-se, Irmãos, como nós entramos e enfrentamos "o inverno dos nossos descontentes", nós precisamos manter os nossos padrões e a nossa dignidade. Pode não existir nenhum compromisso com a qualidade, em qualquer das facetas da nossa Instituição. Um dos maiores atores da Irlanda, e uma das suas mais conhecidas personalidades, Michael de Mac Liammoir, foi uma vez acusado por um crítico de ser "quadrado". "Sim" disse Mac Liammoir, "talvez você esteja certo, mas é melhor ser um quadrado do que um amorfo". Como isto é apropriado para a Maçonaria do nosso tempo, vamos nos manter firmes no simbolismo do Esquadro e do Compasso, e deixe que eles sejam os meios de restaurar *Ordo ab chao* – colocar ordem no caos moral e mental – assim como nos esforçamos para nos reajustar emocionalmente, para as apreensões esmagadoras, do estresse da vida moderna.

Agora Irmãos, deixa-me finalizar com uma exortação final retirada da bela linguagem do nosso Ritual – "veja que você se conduza de maneira igual, tanto fora, como dentro da Loja, como um bom homem, e um bom Maçom"; e lembre-se daquelas palavras imortais dadas como conselho por Polonius ao seu filho Laertes, quando ele partia da Dinamarca, em seu retorno para a França, na melhor peça de Shakespeare, Hamlet – **"acima de tudo, seja verdadeiro; siga a verdade como a noite segue o dia, não seja falso com qualquer homem".** Quase toda ética maçônica pode ser achada nestas poucas palavras – tão fácil de lembrar, e tão difícil de colocar em prática.